Knaur
MensSana

Über die Autorin:

Verena Kast ist Psychotherapeutin und Erfolgsautorin zahlreicher Bücher. Sie lebt in St. Gallen und lehrt an der Universität Zürich sowie am C.-G.-Jung-Institut.

Verena Kast

Wenn wir uns versöhnen

Knaur
MensSana

Vollständige Taschenbuchausgabe Juni 2009
Knaur Taschenbuch. Ein Unternehmen der Droemerschen
Verlagsanstalt Th. Knaur Nachf. GmbH & Co. KG, München
Copyright © 2005 Kreuz Verlag, Stuttgart
in der Verlagsgruppe Dornier GmbH
Alle Rechte vorbehalten. Das Werk darf – auch teilweise – nur
mit Genehmigung des Verlags wiedergegeben werden.
Umschlaggestaltung: ZERO Werbeagentur, München
Umschlagabbildung: FinePic®, München
Druck und Bindung: CPI – Clausen & Bosse, Leck
Printed in Germany
ISBN 978-3-426-87417-2

2   4   5   3   1

Inhalt

Vorwort

In einer Zeit, in der so viel Hass in der Welt ist, in der die Überzeugung zu schwinden scheint, dass Menschen sich nicht nur befeinden, sondern sich auch befreunden können, scheint es mir wichtig, sich vom psychologischen Standpunkt aus Gedanken darüber zu machen, wie man mit Konflikten in menschlichen Beziehungen so umgehen kann, dass immer auch wieder nahe, vertrauensvolle Beziehungen entstehen können – Beziehungen, in denen man einander fördert, damit ein gutes Lebensgefühl möglich wird.

Es geht mir nicht um Verzeihen und Versöhnen als moralische Forderung, sondern als eine psychologische Fähigkeit, fast eine Kunst, die hohe Anforderungen an uns stellt. Verzeihen und Versöhnen ist aus meiner Sicht ein beziehungsdynamisches Konzept. Ein Konflikt muss innerlich »durchgetragen« werden, dann können wir uns auch wieder neu auf die Beziehung einlassen, in der der Konflikt sich ereignet hat. Wie geht das? Wie kann man mit den verschiedenen Gefühlen, die daran beteiligt sind, umgehen?

Was heißt es, zu verzeihen und sich zu versöhnen? Wie kann es gelingen? Warum ist es so schwierig? Wann kann es falsch sein, sich zu versöhnen? Zu verzeihen und sich zu versöhnen ist manchmal ein langwieriger Prozess, der aber zu einer größeren Freiheit führt und uns aktiv unser aktuelles Leben gestalten lässt. Dieser Prozess lässt uns nicht der Vergangenheit verhaftet bleiben, sondern führt dazu, dass es uns gelingt, immer wieder die Opferpositionen, in die wir hineingeraten, zu überwinden und selbstwirksam zu werden.

Verzeihen, sich versöhnen: Das sind keine psychologischen Kategorien. Und dennoch ging und geht es im Leben, aber ebenso in der Psychotherapie letztlich immer auch darum, sich mit sich selbst zu versöhnen, mit dem eigenen Schicksal, mit Menschen, die uns geschadet haben. Man spricht in der Psychotherapie eher davon, schwierige Lebenserfahrungen, wenn man sie durchgearbeitet hat, loszulassen, damit man sich wieder neu auf das Leben einlassen kann. Die Fähigkeit loszulassen aber ist verbunden mit der Fähigkeit, verzeihen und sich versöhnen zu können.

Verzeihen und sich versöhnen ist ein aktives Tun und erwächst aus einem Entschluss, durch den man aus der Position des bloßen Opfers herausfindet zu einer Position der Würde.

Wenn wir verzeihen und uns versöhnen

Immer einmal wieder entzweit man sich mit Menschen: Man hat mit ihnen einen Konflikt, einen Streit. Man ist übervorteilt worden, beschämt, betrogen, empfindet einen Angriff als ungerecht, ist enttäuscht, weil der andere Mensch nachlässig war. Oder aber man ist neidisch und gerät aus Neid, den man vielleicht maskiert, in Distanz zum anderen Menschen, man greift selber an, ist gemein, entwertend. Gerade zwischen Menschen, die sich gegenseitig wichtig sind, entstehen viele Situationen, die zu Verstimmung, Ärger, Streit, Entzweiung und Distanz führen. Es ist unter Menschen unmöglich, sich nicht gelegentlich zu streiten. Das Streiten hat sogar einen tiefen Sinn und kann das menschliche Zusammenleben wesentlich verbessern: Wenn wir gut streiten, dann wissen wir, was unsere Position ist und wie wir für sie und damit für uns selber einstehen wollen. Natürlich geht das nicht ohne Kompromisse ab: Aber wenn jede und jeder besser weiß, was für sie oder für ihn in einer bestimmten Situation besser ist, und auch dafür einstehen kann, wird das Zusammenleben für alle befriedigender. Wenn wir aber nur streiten, werden wir uns mit allen Menschen zerstreiten, wir werden einsam und dadurch geschwächt. Wir werden uns mit den anderen Menschen und dem Leben verfeinden, statt uns damit zu befreunden. Und dadurch verlieren wir Lebensqualität. Wenn es also sinnvoll ist zu streiten, dann müssen wir auch lernen, einander zu verzeihen und uns wieder zu versöhnen.

Gelegentlich sind wir auch mit uns selbst zerfallen, wir liegen mit uns selbst im Streit. Von uns selber können wir uns nicht so leicht befreien. Immer im Streit mit sich selbst zu liegen, kostet viel Energie und bewirkt, dass wir psychisch unausgeglichen sind, der Vergangenheit verhaftet, ohne Perspektiven auf die Zukunft. Wir müssten auch uns selber viel verzeihen und uns immer wieder mit uns selbst versöhnen.

Manchmal sind wir nicht mit uns selbst zerfallen, sondern mit dem Schicksal: Wir sind ganz und gar nicht einverstanden mit unserem Schicksal, finden wir hätten ein anderes, ein besseres verdient. Ziel einer Psychotherapie ist es unter anderem, sich mit dem eigenen Schicksal zu versöhnen. Wir können uns selbst nicht austauschen, aber verändern. Ein Schicksalsschlag trifft uns, wir verlieren einen für uns wichtigen, geliebten Menschen. Gelingt es uns, uns mit unserem Schicksal zu versöhnen, können wir besser damit umgehen, haben weniger Gefühle der Wut, des Hasses, weniger Schuldgefühle und können unser Leben trotz des Schicksalsschlags besser meistern.

Was heißt es, sich zu versöhnen?

Verzeihen meint, sich etwas zu versagen, den Anspruch auf Genugtuung oder Rache aufzugeben. Sich zu versöhnen bedeutet, eine Verfehlung, oder was wir für eine Verfehlung halten, schuldhaftes Verhalten, nicht mehr übel zu nehmen, sondern zu verzeihen und darüber hinaus wieder eine vertrauensvolle Verbindung herzustellen, auch wenn man nicht weiß, ob diese Verfehlung nicht erneut vorkommen wird. Das ist eine wichtige Voraussetzung. Natürlich hofft man, dass die Verfehlung nicht wieder geschieht, aber man kann es nicht wirklich wissen, und man darf es auch nicht wirklich erwarten. Es ist ein Brückenschlag über einen Abgrund hinweg – und alle wissen um den Abgrund, lassen aber diesen Abgrund nicht mehr das Leben bestimmen.

Indem man sich entschließt, sich zu versöhnen, leistet man einen großen Vertrauensvorschuss. Man ist großzügig, großherzig. Man bietet wieder eine vertrauensvolle Verbindung an, bei der Kränkungen, Ressentiments, Hass und Groll hinter sich gelassen werden. Sich zu versöhnen ist nicht nur eine Gabe an den Missetäter oder an die Missetäterin, es ist vor allem eine Gabe an den Versöhnungswilligen selbst: Etwas, was verdorben schien, kann wieder gutgemacht werden. Ob die versöhnlichen Gesten angenommen werden, ist dann eine andere Frage. Gegenseitige Versöhnung ist auch ein gegenseitiges Geschenk.

Zur Versöhnung müssen wir uns entschließen. Wir können sie nicht fordern, aber vielleicht fördern. Sich versöhnen ist mehr als verzeihen, beruht aber auf dem Verzeihen. Um verzeihen zu können, muss man die Verletzung wahrnehmen, den Ärger oder die damit verbunden Scham spüren, und sich erholen, aber auch verstehen, warum es zu dieser Situation gekommen ist. Das Mehr bei der Versöhnung besteht in der Entschlossenheit, diese Beeinträchtigung hinter sich zu lassen, und sich dem anderen Menschen wieder in Liebe oder allenfalls in Respekt zu verbinden. Wir können einem Menschen verzeihen, ohne dass wir wiederum in eine Beziehung zu ihm oder zu ihr eintreten, ohne dass wir uns wirklich versöhnen.

Einander zu verzeihen und sich zu versöhnen bewirkt eine Entlastung. Die Beziehung kann wieder gelebt werden, man kann sich wieder aufeinander verlassen. Das ist gerade im Umgang mit alltäglichen Ängsten eine wichtige Erfahrung.

Haben wir etwas falsch gemacht, dann werden wir uns »entschuldigen«. Die Entschuldigung ist eigentlich eine *Bitte um Entschuldigung*, man bittet darum, dass diese angenommen wird. Die Entschuldigung stimmt den Menschen, dem wir etwas angetan haben, milder. Die Entschuldigung hat aber auch eine Wirkung auf den, der sich entschuldigt: Mit der Tat oder mit dem Verhalten haben wir uns auch von uns selbst entfernt. Mit der Bitte um Entschuldigung kommen wir uns selbst wieder nah.

Bieten wir Versöhnung an, so verlangen wir eine noch größere Leistung vom anderen: Er oder sie soll auf Hass und Rache verzichten. Die Versöhnung ist dialogisch: Beide bringen eine Leistung, beide vergessen nicht, dass sie einander verziehen haben und dass sie wieder »neu« miteinander beginnen. Dieser Entschluss zum Neuanfang ist sehr wichtig. Sich zu entschuldigen und zu verzeihen – das ist unser eigener Entschluss, zu dem wir kommen können. Bei der Versöhnung ist es etwas schwieriger: Dieser Neubeginn hat, wie jeder Neubeginn, etwas Schöpferisches, was von keinem der beiden wirklich »gemacht« werden kann, es muss sich ereignen.

Wenn wir uns versöhnen können, dann sind wir nicht nur mit uns selbst wieder einverstanden, sondern auch mit dem anderen, neue Zuneigung kann entstehen, eine Liebe wieder aufblühen. Wir sind dann in einem weiteren Zusammenhang auch wieder grundsätzlicher einverstanden mit dem Leben: Wir erfahren, dass auch etwas, was heillos verstrickt zu sein schien, wieder heil werden kann. Das ist eine gute Erfahrung, die wir verinnerlichen und die uns dazu verhilft, Konfliktsituationen auch in der Zukunft – wenn nicht positiver – so zumindest offener zu beurteilen.

Versöhntsein ist ein Zustand der bejahenden Integration: Wir sind Menschen, immer einmal zerfallen mit uns selbst, mit anderen, mit der Schöpfung, aber immer auch wieder neu einverstanden mit uns selbst, mit dem Leben als Ganzem, trotz Verlust, Tod und Terror, trotz aller Widrigkeiten und Schrecken. Es ist gut, so wie es ist, auch wenn es durchaus besser sein könnte. Versöhntsein mit anderen Menschen ist ein Zustand gegen die Abspaltung: Wir sind wieder in Beziehung zu ihnen, ihr Reichtum ist auch unser Reichtum, wir können sie lieben und werden geliebt, wir gehören zueinander. Das gibt auch Geborgenheit, auch wenn diese Nähe immer einmal wieder verloren geht, kann sie wieder neu entstehen. Wir sind jetzt wieder frei, miteinander etwas zu gestalten. Versöhnung bringt Freiheit. Gefühle der Freude, der Zufriedenheit, ein hinreichend gutes Selbstwertgefühl. Man ist nicht mehr ein Opfer der Umstände, des Lebens.

Es ist leichter, sich zur Versöhnung zu entschließen und sie zu wollen, wenn man immer einmal wieder dieses entlastende Gefühl des Versöhntseins erlebt, wenn man immer einmal wieder erfährt, dass man sich entzweit, dass man sich aber auch wieder versöhnen kann. Und man muss auch erlebt haben, wie ein Gefühl des Unversöhntseins die Lebensqualität mindert, einen ausschließt, blind macht und in die Vereinzelung zurückwirft.

Sich ärgern und streiten

Um herauszufinden, wie man einander verzeihen und sich versöhnen kann, müssen wir uns zunächst mit dem Entzweien auseinander setzen, mit Ärger und Streit.[1]

Emotionen und Gefühle gehören zur biologischen und psychologischen Grundausstattung des Menschen. Sie helfen uns, uns in der Welt zu orientieren, damit zu überleben, uns zu entwickeln und unsere Beziehungen kompetent zu leben. Wir können in einer ärgerlichen Stimmung sein; unser Körper kann erfüllt sein von der Emotion Ärger, den wir noch gar nicht wirklich wahrnehmen. Wir können diese Emotion aber auch als Gefühl wahrnehmen: Ich fühle mich dann ärgerlich und nehme dieses Gefühl auch deutlich wahr. Es ist mir bewusst, dass ich mich ärgerlich fühle – also muss ich etwas verändern, in mir selber oder in der Beziehung, in der der Ärger aufgetreten ist, damit ich mich nicht mehr ärgerlich fühle.

Das Wort »Ärger« geht auf das altgermanische »ergh« zurück und meint »erregt«. Der Ärger ist ein aufschießendes Gefühl, das immer wieder aufflackern kann, sich aber auch wieder beruhigt, besonders, wenn es nicht auf den Ärger eines anderen Menschen trifft. Ärger ist ein häufiges Gefühl, es wird aber viel weniger ausgedrückt als Freude. Denn der Ärger mit dem Ärger besteht darin, dass wir – drücken wir den Ärger nur etwas unqualifiziert aus – mit Gegenärger rechnen müssen und letztlich mit einer Eskalation von Ärger. Aus dem Ärger erwächst die ärgerbedingte Aggression,[2] wir versuchen gezielt, das was ärgert zu beseitigen. Damit geraten wir aber meistens mit dem Ärgerempfänger oder der Ärgerempfängerin in Konflikt, der Konflikt weitet sich zu einem Streit aus. Deshalb drücken wir den Ärger oft nicht aus, schlucken ihn hinunter und verpassen den richtigen Moment, in dem wir ihn auch für den anderen noch akzeptabel hätten ausdrücken können. Dabei ist es wichtig, einander den moderaten Ärger moderat zu zeigen. Dadurch verhindern wir Mord und Totschlag.

Wir maskieren aber den Ärger oft mit einer verachtenden, zynischen Haltung. Schießt der Ärger dann hoch, werden wir etwas unternehmen. Der Ärger kann aber auch leicht kippen in Angst vor der Reaktion des anderen Menschen, oder mit Verachtung abgewehrt werden. »Der ist es doch gar nicht wert, dass ich mich seinetwegen ärgere…«

Ärger ist eine vitale Emotion, Ärger energetisiert. Intensiver Ärger, Wut, ist schwer zu kontrollieren. Und brandet die Wut der einen gegen die Wut des anderen an, dann gerät die ganze Beziehungssituation außer Kontrolle. Meistens streiten wir uns dann. Wenn Ärger und Wut aber nicht mehr weichen, dann sprechen wir von Hass. Hass weist darauf hin, dass wir uns mit Ärger und Wut nicht mehr wirksam auseinander setzen können – möglicherweise weil der Ärger auslösende Anlass zu unerhört war, vielleicht, weil wir nicht gut genug gelernt haben, mit Ärger und Wut umzugehen.

Auslöser von Ärger

Werden Menschen in ihrer Selbsterhaltung und/oder in ihrer Selbstentfaltung gestört und beeinträchtigt, dann reagieren sie ärgerlich oder wütend.

Körperlich und psychisch sind wir Menschen Träger und Trägerinnen von Wert und Würde. Wir müssen dafür sorgen, dass wir in unserer Identität und in unserer Integrität nicht beeinträchtigt werden. Das ist ein Aspekt unserer Selbstsorge. Wir müssen für unsere unverletzte Integrität wenn immer möglich einstehen. Wir erwarten aber auch von unseren Mitmenschen, dass sie uns diese zugestehen.

Wir möchten uns aber auch immer weiterentwickeln und neue Aspekte unserer Persönlichkeit ausprobieren. Unsere Identität ist immer in Arbeit. Das Gefühl des Ärgers weist uns darauf hin, dass diese Integrität oder das Ausweiten unserer Identität, also unsere unverwechselbare Individualität in Gefahr ist und dass wir Abhilfe schaffen müssen.

Angriffe auf die Selbsterhaltung

Unter den Angriffen auf unsere Selbsterhaltung verstehen wir zum einen körperliche Angriffe, Übergriffe. Schon eine für unser Empfinden zu große körperliche Nähe ohne unsere Einwilligung können wir als Angriff auf die Selbsterhaltung verstehen. Ärger kann in dieser Situation leicht in Angst kippen.

Psychisch sind es zum anderen vor allem Angriffe auf unser Selbstkonzept und auf unser Selbstwertgefühl, die Ärger auslösen: Wenn Menschen uns beschämen, wenn wir nicht wahrgenommen werden, etwa in einer Leistung, die wir gebracht haben, wenn wir Neid ernten, statt der Akzeptanz, die wir erwarten, wenn uns der Respekt versagt wird, wenn wir für unseren Geschmack ungerecht kritisiert oder abgewertet werden, wenn wir uns ausgenutzt fühlen oder Anforderungen der Mitwelt als ungerechtfertigt hoch erleben, belogen und betrogen werden. Dieses und vieles andere mehr kann uns in unserer Selbsterhaltung und in unserer Selbstentfaltung beeinträchtigen und unseren Ärger wecken.

Alles, was uns in unserem Bedürfnis nach Bindung beeinträchtigt und diese Bindung zu gefährden scheint, kann ebenfalls Ärger auslösen – etwa Erlebnisse von Verlust im engen und im weiteren Sinn. Geben uns zum Beispiel unsere nächsten Beziehungspersonen nicht die gewohnte Zuwendung, werden unsere meist unbewussten Verlassenheitsängste aktiviert, und darauf können wir mit Ärger, mit Wut, mit Hass, mit Scham oder mit Angst reagieren. Aber auch Regelverletzungen von anderen Menschen ärgern uns, besonders dann, wenn wir uns selber mühsam an diese Regeln halten. Wir können uns auch darüber ärgern, dass wir unterbrochen werden in einer Tätigkeit, die mit Freude und Interesse verbunden ist, darüber, dass uns jemand unsere Freude verdirbt. Auch wenn wir etwas Freudiges, uns Stimulierendes erwarten und das Erwartete nicht eintritt, ärgern wir uns. Grundsätzlich gilt, dass wir uns in Situationen, in denen wir gestresst sind, schneller ärgern als wenn wir gelassener sind.

Ärger ereignet sich, wie alle Emotionen, zwischen den Menschen, aber auch in uns selbst. Wir können uns auch über uns selber ärgern. Etwa, weil wir einen Fehler gemacht haben, der uns innerlich immer weiter beschäftigt, weil wir vielleicht etwas nicht so perfekt gemacht haben, wie wir es uns vorgenommen haben, oder aber, weil uns ein Gedanke oder eine Sorge so besetzt hält, dass wir nicht davon loskommen und uns nichts anderem mehr zuwenden können. Auch diese Sorgen kommen uns dann zu nah und beeinträchtigen unsere Freiheit.

All das Ärgerliche, was Mitmenschen uns antun können, das können wir uns auch selber antun: Wir können es auch verfehlen, uns selber wahrzunehmen mit unseren Bedürfnissen und Stärken, auch mit den Bedürfnissen unseres Körpers. Wir können uns selber ausbeuten oder wir lassen es zu, dass wir ausgebeutet werden. Wir versagen uns eine Freude. Der meiste Ärger, so sagen die Menschen, entsteht dadurch, dass wir etwas nicht gut genug gemacht haben, dass wir alles andere als perfekt waren, weil wir uns so schlecht mit uns selbst versöhnen können.

Verhinderte Selbstentfaltung

Wir Menschen ärgern uns auch, wenn wir aktiv sein, Ideen verwirklichen und etwas durchsetzen wollen und sich uns zu viele Widerstände entgegenstellen.»Das geht doch nicht, das ist zu schwierig, das macht zu viel Arbeit, das ist zu teuer, das ist doch illusorisch…«

Werden wir Menschen über Gebühr gebremst, wenn wir die Grenzen unseres bisherigen Lebens erweitern wollen, wenn es uns darum geht, neue Lebensthemen[3] zu verwirklichen, kreativ zu sein, zu spüren, dass man in diesem Leben durchaus auch eine Wirkung hat und diese Selbstwirksamkeit zu spüren, reagieren wir ärgerlich.

Aber auch, wenn die Welt nicht so will, wie wir es wollen, werden wir ärgerlich: Dinge, die nicht zu ändern sind, eine

Zugsverspätung, ein Computer, der gerade im falschesten Moment »streikt«. Auch hier werden wir auf unsere Grenzen zurückgeworfen: Wir müssen Grenzen akzeptieren und auch Abschied nehmen von unserer Selbstbezogenheit.

Werden unsere Grenzen nicht respektiert, dürfen wir unsere Grenzen nicht ausweiten, dann reagieren wir mit Ärger und oft auch mit ärgerbedingter Aggression. Der Sinn des Sich-Ärgerns besteht darin, aufmerksam dafür zu werden, dass wir unsere Grenzen verteidigen, erweitern, neu definieren – oder einfach akzeptieren müssen.

Das Problem des Sich-Ärgerns besteht darin, dass wir einem anderen Menschen und seinen Taten oder Unterlassungen einen großen Einfluss auf unsere Befindlichkeit einräumen. Wir halten wütende innere Zwiesprache mit einem Missetäter, wachen mit einem Gefühl des Ärgers und der Ohnmacht auf, wälzen uns schlaflos – und der Missetäter oder die Missetäterin wissen gar nicht, was sie in uns angerichtet haben. Wir ärgern uns darüber, dass wir uns so ärgern. Deshalb ist es wichtig, auf eine Weise mit der Verletzung und dem Ärger umzugehen, dass wir uns innerlich wieder davon befreit fühlen.

Die Dynamik des Ärgers

Wir Menschen ärgern uns intensiver, wenn das Ärger auslösende Motiv als böswillig decodiert wird, wenn Ärger auslösende Mitmenschen als rücksichtslos oder böswillig, willkürlich und destruktiv erlebt werden. In diesem Zusammenhang gibt es eine Interaktion mit dem Selbstwertgefühl, wie es überhaupt eine Beziehung zwischen sich ärgern und dem Selbstwertgefühl gibt: Haben wir habituell ein besseres Selbstwertgefühl, werden wir die Absichten unserer Mitmenschen wohlwollender einschätzen und den anderen Menschen also weniger rasch Böswilligkeit attestieren.

Menschen ärgern sich auch mehr in Beziehungen, die ihnen wertvoll sind. Natürlich ärgert man sich am Arbeitsplatz, aber der Ärger mit dem Lebenspartner, der Lebenspartnerin, mit den eigenen Kindern ist existentieller. Das leuchtet ein: Menschen, denen wir uns nahe fühlen, Menschen, die wir lieben, dürfen mehr Grenzen bei uns überschreiten als andere, uns weniger nahe Menschen. Gerade deshalb sind wir aber auch besonders verletzbar, wenn diese Menschen unsere für sie und nur für sie geltenden Grenzen verletzen, denn diese sind unserem innersten Kern viel näher und können uns im Zentrum unseres Wesens treffen. Dass wir uns in diesen nahen Beziehungen mehr ärgern, dient diesen Beziehungen. Wir können dann den entstandenen Ärger und das damit verbundene Problem nicht so leicht wegstecken, sondern es muss in die Verantwortung genommen werden, damit die Beziehung auch weiter bestehen kann.

Wir Menschen stehen immer zwischen der Betonung unserer Eigenpersönlichkeit, dem individuellen Selbst, und der Wichtigkeit von Bindung, von Bezogenheit, dem Bedürfnis, sich anderen Menschen zugehörig zu fühlen. Dem individuellen Selbst können wir in der Auseinandersetzung gerecht werden, dem Beziehungsselbst, aber auch dem »Wir«, dem Bedürfnis nach Bindung und Zugehörigkeit durch das Verzeihen und das Versöhnen.

Alltäglicher Ärger

An alltäglichen Ärgersituationen kann der Sinn und die Dynamik des Ärgers sichtbar gemacht werden. Dadurch öffnet sich auch der Blick für wesentliche Aspekte des Verzeihens und des Versöhnens.

Ein Paar, beide um die 40, seit 15 Jahren miteinander lebend, spricht über die Verteilung von Aufgaben im Haushalt. Die Frau, Carla, stellt fest, dass sie plötzlich missmutig ist, eigentlich »gehen« will. Sie nimmt ihr Gefühl als »leisen Ärger« wahr. Was ist geschehen? In einem an sich sachlichen Gespräch hatte ihr Partner ihr noch eine zusätzliche Verpflichtung im gemeinsamen Haushalt angedient mit der Bemerkung: »Dein Stundenlohn ist eh niedriger als meiner.« Er meinte damit, sie würden weniger Geld verlieren, wenn er seiner Lohnarbeit während der Zeit nachgehe, in der sie diese nicht bezahlte Arbeit erledige. Sie hörte: »Meine Arbeit ist eh mehr wert als deine.« Sie ärgert sich. »Es ist zum Davonlaufen!«, sagt sie sich innerlich – aber sie läuft nicht davon. Doch das Gespräch ist unterbrochen und die freundliche Atmosphäre, die zuvor um die beiden geherrscht hatte, auch. Carla fragt sich, ob und wie sie diesen Ärger ausdrücken soll. Sie weiß, es ist ein wichtiges Thema in ihrem Leben: Wegen der gemeinsamen Kinder hat sie ihre durchaus auch gut bezahlte Arbeit aufgegeben. Sie weiß, sie ist bei diesem Thema empfindlich und hat daher die Tendenz, Kränkungen dieser Art ihrer Empfindlichkeit zuzuschreiben und nicht zu reagieren. Heute jedoch nicht: Sie fühlt sich zu sehr abgewertet, und sie muss darüber sprechen, sonst ist sie sauer und ihre Stimmung wird die an sich gute Atmosphäre verderben. Oder doch herunterschlucken? Übersehen? Das kann ja auch einmal richtig sein. Aber nein, sie kann das heute nicht, sie ist zu ärgerlich. Aber wie den Ärger äußern, damit ihr Partner nicht auch ärgerlich wird und ihr dann vorwirft – und das ist seine Spezialität –, wie viel Abwertendes sie schon über seine Arbeit gesagt habe?

Sie entscheidet sich zu reagieren und fragt ihn mit leicht aggressivem Unterton: »Wolltest du mich provozieren?« Er versteht nicht, und sie erklärt ihm, wie sie die Bemerkung gehört habe, und dass sie ja wisse, dass das ihre schwache Stelle sei. Er versichert ihr, er habe sie nicht provozieren wollen, aber es tue ihm Leid, dass er so gedankenlos gewesen sei. Diese empathische Äußerung, verbunden mit der Entschuldigung, genügt. Die beiden können weiter miteinander ihre Aufgaben organisieren, die gute Atmosphäre ist wiederhergestellt.

Ärgert man sich, dann besinnt man sich in einer bestimmten Weise auf Grenzen, darauf, was in der jeweiligen Situation wichtig ist. Dabei geht es darum, dass wir uns dafür verantwortlich fühlen und es auch sind, dass unsere eigene Integrität und Würde gewahrt bleibt, allenfalls auch um die Erlaubnis zur Aktivität, zur Entwicklung, was schließlich eine Lebensaufgabe ist. Dies alles geschieht, und das ist unbedingt bedeutsam, in der Auseinandersetzung mit einem anderen, dessen Integrität auch gewahrt werden muss. Wenn die Freiheit uns so wichtig ist, dann ist sie es ebenso für alle Menschen, die jeweils in einer Beziehung miteinander stehen.

Der Sinn des Ärgers ist es, Situationen so zu verändern, dass Selbsterhaltung und Selbstentfaltung immer wieder neu ermöglicht werden, so gut das eben geht – und es ist immer Flickwerk und ein Kompromiss – im Dialog mit einem Du, in der Beziehung zu einem Du, das genau dasselbe anstrebt. Im Ärger steckt auch die Energie, diese Veränderungen anzugehen.

Ärger auslösende Situationen werden als ungerecht erlebt: Etwas ist nicht in Ordnung und soll wieder in Ordnung gebracht werden. Ist das beiden Beteiligten bewusst, bringt eine Entschuldigung Entlastung: Beide können verstehen, was den Ärger verursacht hat, man verzeiht einander und lässt es gut sein. Es braucht nur eine kleine Geste der Versöhnung, eine kleine Wiedergutmachung, die oft von beiden geleistet wird. Man freut sich miteinander, dass die Beziehung wieder »in Ordnung« ist. Gelingt das nicht, zum Beispiel, weil sich ein Beteiligter absolut keines Versäumnisses bewusst ist, dann hoffen wir, mit der ärgermotivierten Aggression Einsicht und Wiedergutmachung zu erreichen, unter anderem, indem wir streiten.

Ärgerfantasien

Zwischen dem Gefühl des Ärgers und dem Ausdrücken dieses Ärgers entsteht und steht die Ärgerfantasie. »Ich könnte ihn auf den Mond schicken«, »ich könnte ihr den Hals umdrehen« – so etwa äußern wir uns Menschen gegenüber, denen wir von einem großen Ärger erzählen. Was wir hier sagen, soll das Ausmaß unseres Ärgers zeigen; es sind aber auch destruktive

Ärgerfantasien. Wie destruktiv sie sind, machen wir uns nicht klar, denn die meisten von uns gebrauchen diese Ausdrücke und wir halten sie deshalb für »normal«, auch wenn sie einen Todeswunsch beinhalten.

Es gibt differenziertere Ärgerfantasien, die vor allem das Zusammenspiel von Ärger und Angst beleuchten. »Es ist zum Davonlaufen« – sagen wir in einer Konfliktsituation. Vielleicht wäre es auch ganz gut davonzulaufen. Das ist die Fantasie: Wir möchten den Ort des Konflikts verlassen. Warum tun wir es nicht? Insgeheim fragen wir uns, was geschehen würde, wenn wir davonliefen. Wir versetzen uns in unseren Konfliktpartner, in unsere Konfliktpartnerin, und überlegen uns, was er bzw. sie in dieser Situation machen könnte.

Eine junge Frau, die immer wieder in große Konflikte mit ihrem Partner gerät und deshalb eine Therapie machte, sagte: »Es ist zum Davonlaufen, unsere Streiterei.« Auf die Frage, warum sie denn nicht davonlaufe, sagte sie: »Ich fürchte mich davor, dass er dann das Schloss auswechseln könnte.« Das Schloss auswechseln hieße für sie, dass sie nicht mehr in die gemeinsame Wohnung zurückkommen könnte, dass die Beziehung beendet wäre. Sie wäre dann ausgeschlossen. Diese Fantasie löst Angst aus. Und deshalb läuft sie nicht wirklich davon, auch wenn es zum Davonlaufen ist, sondern sie geht »bloß« in ein anderes Zimmer und knallt die Tür zu. Damit, so meint sie, seien ihre Gefühle klar ausgedrückt, und ihr Partner könne damit umgehen.

Ärgerfantasien stellen sich blitzschnell ein und werden kaum bemerkt. Zunächst fantasieren wir Motive, die wir dem Menschen zuschreiben, der uns ärgert. Routinemäßig befinden wir in unserer Vorstellung darüber, ob das Handeln in feindseliger, böswilliger Absicht erfolgt. Je weniger wir zu unserem Ärger und zu unserer Aggression stehen können, umso eher werden wir diese projizieren, sie dem anderen Menschen zuschreiben und den Angriff als böswillig einstufen.

Dann probieren wir mental mögliche feindselige Handlungen und die darauf zu erwartenden Reaktionen aus, wir entwickeln Rachefantasien. Ärgerfantasien, Rachefantasien sind Prozessfantasien: Wir fantasieren Aktion und Reaktion und befragen sie daraufhin, welche Reaktionen wir nach unseren Aktionen zu erwarten haben, also auch, mit wie viel Angst wir rechnen müssen, mit wie viel Angst wir umgehen können. Ziel der Ärgerfantasien ist es, die Störung zu beseitigen und die Selbstachtung wiederherzustellen oder sie zumindest nicht noch weiter zu verlieren, um sich nicht noch mehr schämen zu müssen. Der Verlust der Selbstachtung ist immer mit Scham verbunden. Das Bedürfnis ist, die Gerechtigkeit wiederherzustellen, und wenn man nicht daran glaubt, dass das Gegenüber durch den Ausdruck des Ärgers dazu zu bringen ist, sich um die Gerechtigkeit zu kümmern, dann probiert man auch schon einmal Rachestrategien aus. Rachefantasien geben uns die Gewissheit, dass wir uns wehren könnten, dass wir die Selbstwirksamkeit, die wir zum Beispiel gerade durch einen gemeinen Angriff vorübergehend verloren haben, wieder zurückgewinnen könnten. Die Überzeugung, etwas bewirken zu können, besonders auch in schwierigen Situationen, ist außerordentlich wichtig für das Aufrechterhalten eines hinreichend guten Selbstwertgefühls.

Dennoch: Es wird bewusst oder unbewusst jeweils darüber entschieden, ob die fantasierten feindseligen Handlungen nicht zu viel Angst auslösen und ob sie geeignet sind, die Beziehung, das Wir-Gefühl zu erhalten.

Auch prosoziale Gefühle werden in diese Ärgerfantasien eingebaut. So fantasiert eine Frau, die von ihrem Mann schwer gekränkt wurde, als er ihr vorwarf, sie sei eine noch schlechtere Mutter als ihre eigene, beim nächsten Grillfest einmal gezielte Andeutungen fallen zu lassen über seine kümmerlichen sexuellen Leistungen. Sie malt sich die Situation aus, es macht ihr durchaus Freude nach gekonnten, spitzen Formulierungen zu suchen, die sie dann aber doch wieder verwirft. »Nein, das kann ich nicht machen, da hätte ich dann doch Mitleid mit ihm – und so kümmerlich sind sie gar nicht...« Nachdem sie überzeugt ist, dass sie die richtigen Worte finden könnte, um ihren Mann bloßzustellen und ihn damit vielleicht noch entscheidender zu kränken, als er sie gekränkt hat, ist ihr Selbstwertgefühl wieder ausgeglichener. Sie kann sich daran erinnern, dass er ja auch gute Seiten hat, dass sie ihn liebt und dass sie es nicht mag, wenn sie sich wie eine rachsüchtige Person verhält. Sie möchte gern ein versöhnlicher Mensch sein, das ist für sie ein Wert.

Diese Fantasieprozesse um Ärger, Rache und der daraus entstehenden Angst entscheiden letztlich darüber, was davon in die Tat umgesetzt wird und ob überhaupt etwas in die Tat umgesetzt werden muss. Die Wut kann allerdings so jäh hochschießen, dass diese Prozesse des Abwägens nicht mehr stattfinden oder zumindest nicht mehr wahrgenommen werden.

Ärgerfantasien stehen im Zusammenhang mit dem Selbstwertgefühl, mit Fragen der Identität und mit der Fähigkeit, mit Angst umzugehen,[4] aber auch mit dem Stil, in dem in der Herkunftsfamilie mit Ärger umgegangen wurde.

Die Abwehr von Ärger

Die meisten Menschen haben Strategien, um die Eskalation von Ärger und Aggression zu hemmen. Das ist einerseits wünschenswert: Denn es ist problematisch, wenn man bei jedem kleinsten Ärger in Versuchung gerät, sich mit anderen Menschen zu prügeln oder sie verbal anzugreifen. Andererseits ist es problematisch, wenn wir den Ärger in seiner moderaten Form, in der er durchaus auch ausgedrückt werden kann, ohne dass der Ärgerempfänger allzu sehr unter Druck gerät, nicht mehr wahrnehmen. Durch die Ärgerhemmung werden aber auch Verletzungen in ihrer Bedeutung nicht mehr wahrgenommen; wir verstehen dann nicht mehr, warum wir zum Beispiel verstimmt sind, und ob diese Verstimmung in unserem eigenen Urteil berechtigt ist oder nicht.

So hemmt zum Beispiel unsere Verachtung den Ärger. Verachtend erheben wir uns über den Menschen, der uns geärgert hat. Meistens wird er in unseren Ausdrücken auch noch depersonalisiert; wir sprechen dann von Flaschen und von Kotzbrocken oder finden weitere beleidigende Ausdrücke. Die Unterteilung in »Übermenschen« und »Untermenschen« liegt nahe und verbunden mit der Depersonalisierung auch die Erlaubnis zur Gewaltanwendung diesen Verachteten gegenüber. Die Strategie des Verachtens ist außerordentlich problematisch, besonders wenn sie mit politischen Ideologien einhergeht. Verachtung ist häufig eine Reaktion auf Hintergangenwerden, aber auch auf Situationen, die uns ärgern, weil sie eigentlich Neid auslösen, den wir aber nicht wahrhaben wollen.

Weiter wehren wir Ärger und Aggression ab, indem wir sie projizieren: Wir selber sind keineswegs feindselig, feindselig sind die anderen. Wir geraten durch diese Projektion allerdings in die mit Angst verbundene Opferrolle[5] – aggressiv sind die anderen. Diese sind allerdings auch in der Lage, etwas zu gestalten und ihre Situation zu verändern.

Andere wiederum verstecken eine mörderische Wut im Dienste der Aggressionshemmung hinter einer großen Besorgnis: »Ich muss immer daran denken, dass du überfahren werden könntest«, sagte eine außergewöhnlich friedfertige Frau ihrem Mann jeden Morgen, wenn er mit dem Fahrrad zur Arbeit fuhr. Sie wunderte sich darüber, dass ihr Mann sich über diese Sorge nicht freute, sondern irritiert war. Er konnte aber nicht ausdrücken, was ihn daran so sehr störte. Er litt unter einem »Gefühlsdurcheinander«, wie er es nannte, und dieses war durchaus angebracht. Unter einer Gefühlsverwirrung litt auch seine Frau. Vor allem aber hatte sie eine über Jahre angesammelte Wut, die sie selber nicht zur Kenntnis nehmen durfte, denn sie hätte sich deshalb zu Tode geschämt. So maskierte sie ihre Wut mit einer Sorge, die ihr Mann gefühlsmäßig nicht verstehen konnte: Ihre Fantasie war reichlich destruktiv, fantasierte sie doch immer wieder seinen Tod, den sie allerdings in der Sorge auch wieder zurücknahm.

Man kann sich auch mit dem Angreifer oder der Angreiferin identifizieren, um sich nicht ärgern zu müssen, und zum Beispiel behaupten, man könne für jeden Angriff und jede Beleidigung auch dankbar sein, nur so entwickle man sich und komme weiter. Menschen, die so argumentieren, haben nur dann ein Gefühl für die eigenen Grenzen, wenn sie von anderen in die Grenzen gewiesen werden. Sie akzeptieren, was immer der andere oder die andere über sie sagt, sie lassen sich selber im Stich.

Man kann die Wut auch verschieben: Statt den Sohn brüllt man den Hund an. Es gibt noch viele solcher Möglichkeiten, den Ärger nicht wirklich zur Kenntnis zu nehmen und ihn vor allem nicht an der richtigen Stelle, beim Problem, das Ärger ausgelöst hat, bewusst zu erleben und damit verantwortlich umzugehen.

Auch die so genannte passive Aggression[6] soll uns daran hindern, unseren Ärger wahrzunehmen und den Konflikt auszutragen. Die passive Aggression zeigt sich zum Beispiel darin, dass man einem anderen Menschen einfach nicht zuhört, aber vorgibt zuzuhören. Würde man einem Menschen ins Gesicht sagen: »Ich höre dir jetzt nicht mehr zu«, würde das als recht aggressiv eingestuft. Wenn das Gegenüber aber »auf Durchzug« geschaltet hat, nichts mehr aufnimmt, was wir aber zunächst nicht wissen können, so wird dieses Gegenüber sich nicht als aggressiv verstehen. Es ist ja nicht offen aggressiv – kein böses Wort fällt! Nur als Empfänger dieser passiven Aggression wird man aggressiv oder ist zumindest irritiert. Was läuft da? Auch vorzugeben, etwas einfach nicht zu verstehen, obwohl die Partnerin den Sachverhalt mit immer einfacheren Worten zu erklären versucht, ist eine passive Aggression. Gewisse Formen des Vergessens sind ebenfalls passive Aggressionen.

Passive Aggressionen setzen wir ein, weil wir Streit vermeiden wollen. Ein guter, produktiver Streit entsteht dadurch in der Tat selten, aber eine unheilschwangere Atmosphäre, in der niemand mehr so richtig weiß, was eigentlich gespielt wird. Es entsteht eine ärgerliche, aber auch durch Ohnmacht bestimmte Atmosphäre, nicht selten verbunden mit einer gegenseitigen unausgesprochenen Verachtung, die wieder zu neuen Verletzungen führt. Der offene Konflikt wird zwar vermieden, aber die Probleme werden dadurch auch nicht sichtbar. Die Verletzungen werden nicht wahrgenommen, man kann sich nicht mit ihnen auseinander setzen. Man meint, im Dienste der Beziehung verantwortlich zu reagieren, und verhindert gerade dadurch eine wichtige Beziehungserfahrung, die im guten Streiten möglich wäre.

Schuldgefühle

Ärgern wir uns, so sind wir überzeugt, uns sei Unrecht geschehen, und dieses Unrecht müsse getilgt werden. Der Mensch, der uns Unrecht getan hat, soll es wieder gutmachen, soll die Sache, um die es geht, wieder in Ordnung bringen. Es soll wieder Gerechtigkeit hergestellt werden. Auch diese Überzeugung bringen wir zum Ausdruck, in dem wir unseren Ärger deutlich machen und die vermisste Fairness – gelegentlich ziemlich lautstark – reklamieren. Der Kontrahent, die Kontrahentin weiß dann, was angemahnt wird, kann sich entschuldigen, wird vielleicht auch mit Schuldgefühl reagieren: Es tut ihm oder ihr Leid – und oft wird dann die Frage gestellt: Wie kann ich es wieder gutmachen? Was brauchst du, damit das wieder in Ordnung kommt?

Der Mensch, der sich ärgert, kann sich aber auch verstimmt zurückziehen und gibt dadurch zum Ausdruck, dass etwas ganz und gar nicht in Ordnung ist. Im Unterschied zum offen angesprochenen Ärger wird nicht klar, was eigentlich vorgefallen ist. Ist man Verursacher oder Verursacherin einer solchen Verstimmung, dann weiß man nur, dass man etwas falsch gemacht hat, dass man etwas in Ordnung bringen sollte, aber man weiß oft nicht, worum es eigentlich genau geht. Ist man begabt für Schuldgefühle, wird man auf eine vorwurfsvolle oder leidende Miene mit einer Mischung aus Schuldgefühlen und Ärger reagieren und sich Mühe geben, je nachdem welche Emotion vorherrscht, die Sache wieder zu bereinigen oder aber selber ärgerlich werden oder sich ebenfalls in sich zurückziehen.

Man bräuchte die Schuldgefühle nicht zu wecken: Die meisten Menschen haben ein Unrechtsbewusstsein. Wenn wir wahrnehmen, dass wir einem anderen Menschen etwas angetan haben, was unseren moralischen Maßstäben nicht entspricht, reagieren wir mit Schuldgefühlen und mit Reue und bieten in irgendeiner Form Wiedergutmachung an. Gelegentlich ärgert sich aber jemand über uns, und wir sind uns keines Fehlverhaltens bewusst, das den Ärger für uns nachfühlbar macht. Das kommt sogar recht häufig vor. Dann wird es schwierig. Man kann nicht einfach eine Schuld, die einem zugewiesen wird, ohne Prüfung der Situation übernehmen. Denn es gibt Menschen, die mit leichter Hand anderen die Schuld zuschieben, um sich selbst nicht schuldig fühlen zu müssen, oder einfach, weil sie überzeugt sind, selbst immer alles richtig zu machen. Alles, was nicht richtig ist, ist dann die Schuld von anderen Menschen. Sie delegieren ihren Schatten.[7] Dennoch reklamieren sie Schuldgefühle, verlangen deutliche Zeichen der Reue und wollen eine Entschuldigung. Aber gerade diesem Begehren kann man nicht entgegenkommen, wenn man sich und seine Gefühle in der Situation ernst nimmt, weil man sich keiner Schuld bewusst ist. Manchmal hilft die Frage, warum man sich jetzt schuldig fühlen sollte.

Kein Schuldgefühl zu spüren bedeutet aber nicht, dass wir keinen Grund für ein Schuldgefühl haben. Es kommt immer wieder vor, dass wir die durchaus vorhandenen Schuldgefühle verdrängen und deshalb im Moment keinen Zugang mehr dazu finden können. Es sind wohl mehr noch die dahinter verborgenen Schamgefühle darüber, dass wir uns so benommen haben, wie wir es von uns nicht akzeptieren können. Indem wir die Scham- und Schuldgefühle verdrängen oder sie unserem Konfliktpartner oder unserer Konfliktpartnerin delegieren, können wir unser Selbstwertgefühl regulieren: Wir fühlen uns dann etwas besser. Aber das Problem ist damit in keiner Weise gelöst.

Schuldgefühle sind unangenehme, quälende Gefühle. Man hat etwas falsch gemacht, man ist schuld daran, dass ein anderer Mensch beeinträchtigt ist. Schuldgefühle haben den Sinn, uns darauf hinzuweisen, dass wir etwas wieder gutmachen müssen, dass wir etwas in die Verantwortung nehmen müssen. Wir wollen aber auch Unrecht sühnen, Ungerechtigkeit wieder in Gerechtigkeit überführen und uns dabei auch versöhnen. Vielleicht, weil man die befürchtete Rache abwenden möchte, vielleicht, weil es ein tiefes Bedürfnis ist, die Sache wieder ins Reine zu bringen und sich mit dem Menschen, mit dem man einen Konflikt hat, zu versöhnen.

Über-Ich-Schuldgefühle kann man vom Gewissen unterscheiden. Wir haben im Laufe der Erziehung Verbote, Gebote, Normen und Werte verinnerlicht. Wir wissen, was man tun soll und was man lassen soll. Handeln wir diesen Geboten zuwider, können wir mit einem Schuldgefühl reagieren. Menschen setzen sich im Zuge ihrer weiteren Entwicklung damit auseinander, ob diese Gebote wirklich für sie stimmen oder ob sie nur in bestimmten Situationen stimmen. Dadurch entwickeln sich unsere eigenen Werte, denen wir uns verpflichtet fühlen.

Das Gewissen wird als eine innere Stimme verstanden, die uns sagt, dass etwas nicht in Ordnung ist. Andere Menschen mögen ein bestimmtes Verhalten akzeptieren, aber wir selber fühlen, dass es so nicht stimmt. Die Schuldgefühle, die von der Stimme des Gewissens verursacht sind, die »Gewissensbisse«, sind schwerer zu ertragen. Gerade diese Gewissensbisse sind deutlich verbunden mit Scham, einer Scham darüber, dass man hinter den eigenen Werten zurückgeblieben ist. In diesen Zusammenhängen packt uns die Reue darüber, dass wir uns verhalten haben, wie wir uns verhalten haben.

Auch das Gewissen ist verbunden mit den prosozialen Gefühlen: Wir ärgern uns nicht nur über andere Menschen, sondern wir lieben sie auch, wir wollen ihnen Gutes tun, vor allem aber wollen wir sie meistens nicht in ihrem Lebensgefühl beeinträchtigen. Wir haben auch die Fähigkeit zur Empathie: Wir wissen, wie sich etwa eine schwere Kränkung anfühlt, denn wir können uns emotional in einen anderen Menschen einfühlen, und wir wissen zudem kognitiv, welche Gedanken und welche Fantasien dadurch ausgelöst werden. Aber gerade die Tatsache, dass wir uns in einen anderen Menschen einfühlen können, bedeutet nicht, dass wir ihn oder sie notwendigerweise gut behandeln. Wir können ihm oder ihr schaden wollen, und das tun wir dann auch, selbst wenn wir das hinterher bedauern mögen. Wenn der Mensch frei ist, dann ist er auch frei, Gutes oder Böses zu wollen.

Die prosozialen Gefühle, die Fähigkeit zur Empathie und das Gefühl für Gerechtigkeit verbunden mit der Überzeugung, dass Dinge auch wieder in »Ordnung« gebracht werden müssen, lösen Schuldgefühle aus. Und diese bewirken, dass wir uns fragen, was wir in die Verantwortung nehmen sollten und wie wir wieder eine gerechtere Ordnung herstellen können. Unser Ärger und unsere prosozialen Gefühle sollten ausbalanciert werden. Um das zu können, müssen wir auch um unsere eigenen schwierigen Seiten wissen und sie in der jeweiligen Situation auch anerkennen: Wir müssen um unseren Schatten wissen.

Der Schatten

Das Konzept des Schattens von C. G. Jung ist von großer Bedeutung für das Verstehen von Ärger und für das Verzeihen und das Versöhnen.[8]

Dieses Konzept geht davon aus, dass wir Menschen uns gern etwas besser präsentieren, als wir sind, dass wir in unserer Selbstdarstellung unserem Ideal von uns selbst, aber auch dem Ideal unserer Mitmenschen genügen wollen. Das bedeutet nun aber, dass wir immer auch Seiten haben, die wir nicht zeigen, die wir auch vor uns selbst nicht wahrhaben wollen. Alle die Seiten, die wir an uns nicht akzeptieren können, weil sie unserem Ideal von uns selbst nicht entsprechen, werden Schattenanteile genannt.[9] Der Schatten ist nicht inhaltlich bestimmt. Man kann zum Beispiel nicht sagen, Geiz sei ein Schattenaspekt, obwohl es vielen von uns so vorkommen mag, weil für uns großzügig zu sein ein Wert ist, den wir in unserem Leben verwirklichen wollen. Es kann sein, dass Geiz für jemanden ein Wert ist, den er oder sie verwirklichen will.

Der Schatten erschließt sich vom Ideal her, von den Werten her, die wir in unserem Leben realisieren wollen.

Der eigene Schatten ist nun ausgesprochen lästig, der Schatten der anderen Menschen, oder das, was wir für ihren Schatten halten, hingegen sehr spannend. Wir interessieren uns für schattenhaftes Verhalten unserer Mitmenschen. Die Regenbogenpresse lebt von unserem Interesse daran. Der Schatten der anderen Menschen hat etwas Vitalisierendes, besonders wenn es um den Schatten von solchen Menschen geht, von denen man erwartet, dass sie keinen Schatten haben, wie etwa kirchliche Autoritäten, Politiker und Politikerinnen usw.

Aber auch in unseren eigenen Schattenseiten verbergen sich oft vitale Seiten, die etwas domestiziert unser Leben möglicherweise sehr viel lebendiger machen können. Im Schatten steckt oft das, was wir nicht leben durften, weil wir doch ein gutes Mädchen oder ein guter Junge sein wollten.

Auf jeden Fall gehört der Schatten zu uns, ist ebenso ein Aspekt unserer Persönlichkeit, ein etwas schwieriger zunächst.

Um diese Seiten können wir wissen; dann sind sie uns unangenehm, lästig, peinlich und wir versuchen, sie zu kontrollieren oder auch zu verdrängen. In der Regel wehren wir den Schatten ab, projizieren ihn auf die Mitmenschen. Diese sind dann lieblos oder verschwenderisch oder neidisch – wir doch nicht! Wir projizieren unsere Schattenseiten auch auf den Partner oder auf die Partnerin. Da ist es dann plötzlich nicht mehr klar, wer in einem Beziehungssystem eigentlich kleinlich, wer destruktiv ist. Und gelegentlich sind wir sehr zerfallen mit unseren Partnern und Partnerinnen und reklamieren Veränderung, wo wir uns selber verändern müssten. Bloß sehen wir das in diesem Moment nicht.

Reagieren wir schattenhaft, und wir nehmen es wahr, dann ist es uns peinlich. Wir bereuen unser Verhalten, dann schämen wir uns. Diese Schattenseiten können uns aber auch weniger bewusst sein – und dann begegnen wir ihnen im Traum. Wir träumen dann von Personen, die wir als ausgesprochen

»verschattet« wahrnehmen, von Menschen, die wir kritisieren, die uns unangenehm sind.

Der Schatten kann uns auch unbewusst sein: Wir sind uns selbst immer auch fremd. Das Fremde in unserer Psyche ist uns unheimlich, es löst Angst aus und es fasziniert. Gerade in einer Beziehung sind fremde Aspekte des Partners oder der Partnerin etwas Belebendes, etwas, das die Faszination immer auch wieder erwachen lässt – aber manchmal eben auch die Angst, dann etwa, wenn ein Partner, eine Partnerin in seinem oder ihren Verhalten so ganz und gar fremd geworden ist.

Entsprechend seiner Idee, dass es nicht nur ein persönliches Unbewusstes gibt, sondern auch ein kollektives, dass wir Menschen nicht nur Einzelwesen sind, sondern eben auch menschlich, wie alle anderen Menschen auch, und dass wir als Einzelne auch in der Kultur der Menschheit gründen, an ihr Anteil haben und sie nutzen können für unser individuelles Leben, spricht C. G. Jung auch von einem kollektiven Schatten. Wir alle haben auch Anteil an all dem Schattenhaften, das in der Welt geschieht. Sind Menschen destruktiv – und hier würde nun der Schatten inhaltlich bestimmt –, dann beeinflusst uns diese Destruktivität, auch wenn wir an ihr nicht direkt Anteil haben. Schon Plato sagte, dass der Anblick von Hässlichem Hässliches in der eigenen Seele wecke. In Konfliktsituationen geht es immer auch um Schatten. Können die Beteiligten ihre Schattenanteile sehen, ist es leichter, zu verzeihen und sich zu versöhnen.

Gerechtigkeit brauchen

Wenn wir uns streiten, wenn wir einen Konflikt haben mit anderen Menschen, dann empfinden wir etwas als ungerecht und wir reklamieren Gerechtigkeit.

»Wenn die Gerechtigkeit untergeht, so hat es keinen Wert mehr, dass Menschen auf Erden leben« – so schreibt Kant in seiner Rechtslehre.[10] Einen solchen Satz aufstellen kann jemand, der die Gerechtigkeit als Basis der Menschlichkeit und der Mitmenschlichkeit sieht.

Was versteht man unter Gerechtigkeit? Die Gerechtigkeit gehört zu den ethischen Tugenden, zusammen mit der Tapferkeit, der Besonnenheit, der Freigebigkeit usw. Für Aristoteles ist Tugend die Haltung, die in der Mitte liegt, so wie Tapferkeit etwa in der Mitte zwischen Frechheit und Furcht wäre.[11] Diese Mitte aber muss man immer wieder neu bestimmen je nach Situation, sie ist nicht ein für allemal gegeben. Aber dass man sie immer wieder bestimmt, das ist tugendhaft – und verhilft zu einem glücklichen Leben. Gerechtigkeit ist die Mitte zwischen zwei Polen der Ungerechtigkeit. Die Gerechtigkeit hat vor allem mit dem anderen Menschen zu tun: Es ist eine prosoziale Haltung.

Es gibt die Gerechtigkeit nicht: Man muss sie immer wiederherstellen. Dabei unterscheidet man zwischen der Legalität, der Gerechtigkeit, die dem Recht entspricht, und der Egalität, der Gleichheit, etwa dem gerechten Aufteilen von Gütern. Demgemäß verstand Plato[12] Gerechtigkeit so, dass jeder Mensch seinen Anteil bekommt, dass jedem sein Platz zusteht, und dass nicht der Stärkste siegt – man also der Macht gehorcht.

Weil es bei der Gerechtigkeit um die Ausgewogenheit der Interessen geht, um einen redlichen Tausch oder um die Vergleichbarkeit von Tauschobjekten, kann die Waage als Symbol für die Gerechtigkeit stehen. Es ist also keineswegs einfach klar, was gerecht ist. Gerechtigkeit muss immer wieder neu angestrebt und gefunden werden.

Gerechtigkeit meint auch, der Versuchung zu widerstehen, sich über die anderen zu stellen. Es geht in der Tat um eine Mitte: Weder ist die Maßlosigkeit der Nächstenliebe gefordert, noch die Maßlosigkeit des Egoismus erlaubt. Wir haben ein Gefühl für Gerechtigkeit. Sind wir in Gefahr, jemanden über den Tisch zu ziehen, haben wir ein Schuldgefühl. Oder aber diese Haltung konkurriert mit der in unserer Gesellschaft so hoch angesehenen Haltung, clever zu sein, klüger zu sein als der andere, sich unter der Hand einen Vorteil zu verschaffen, das Eigenwohl über das Gemeinwohl zu stellen und all das als Klugheit zu bezeichnen. Auch wenn es in unserer Gesellschaft so scheint, als sei das Dominieren-Wollen über den anderen Menschen »selbstwertdienlich« und es insgeheim bewundert wird, haben wir trotzdem immer noch einen Sinn für Gerechtigkeit bewahrt. Wir reklamieren die Gerechtigkeit zwar stärker, wenn wir uns selber ungerecht behandelt fühlen – und sind auch sehr rasch bereit anzunehmen, wir seien schlecht behandelt worden. Unsere eigenen ungerechten Absichten scheinen wir locker auf die anderen Menschen zu projizieren und sie dort dann zu fürchten. Haben wir aber ungerecht gehandelt, dann erleben wir Schuldgefühle und auch Scham. Handelt ein Mensch uns gegenüber ungerecht, ärgern wir uns und wir mahnen Gerechtigkeit an. Es ist ungerecht, wir fühlen uns betrogen, etwas zwischen den Menschen ist aus dem Gleichgewicht geraten – die Waagschale hat sich auf eine Seite gesenkt. Die Ordnung ist zerstört, man muss die zerstörte Ordnung wiederherstellen, etwas wieder gutmachen, so dass man sich letztlich versöhnen kann. Kleiter[13] hat in einer empirischen Studie nachgewiesen, dass Menschen, die eher zur Versöhnung bereit sind, auch fairere Strategien wählen, um ihre Konflikte zu lösen. Wer die Gerechtigkeit im Auge behält, sich um sie bemüht, ohne im Vorhinein schon eindeutig zu wissen, was denn Gerechtigkeit ist, scheint versöhnlicher zu sein.

Reue erleben

Zeigen wir in einer Konfliktsituation Reue, wird uns eher verziehen. Gelegentlich entwischt uns ein Satz, den wir lieber nicht gesagt hätten. »Hätte ich doch nicht…! War ich denn von allen guten Geistern verlassen, als ich diesem Menschen ungeschminkt die Wahrheit ins Gesicht gesagt habe, oder zumindest das, was ich für die Wahrheit halte, und ihn damit gekränkt habe?« Wir haben ein Schuldempfinden: Wie gern würden wir etwas, das wir jetzt als Verfehlung sehen, was wir moralisch verurteilen, rückgängig machen – aber es ist nicht mehr rückgängig zu machen. Selbstvorwürfe, Hadern mit sich selbst, Zerknirschung, Scham, Enttäuschung über uns selbst – all das macht die Erfahrung von Reue aus. Es gibt keine Entschuldigung: Reue empfinden wir dort, wo wir weit hinter unseren moralischen Möglichkeiten geblieben sind. Für einen Moment hat man den moralischen Standpunkt, den man jetzt wiedergefunden hat, verloren. Deshalb gibt es keine Entschuldigung und gilt auch keine Entschuldigung. Führt jemand mildernde Umstände an, dürfen diese nicht angenommen werden.

Reue handelt von Zerrissenheit: Es ist die Trauer darüber, dass wir für einen Moment unseren moralischen Standpunkt verloren haben, dass wir unserem Schatten verfallen sind. Es ist auch die Trauer darüber, dass wir Menschen – alle Menschen – diesen Abgrund des Schattens haben, ihm trotz bester Absichten verfallen können und damit auch anderen Menschen unbeabsichtigt, oder auch einmal beabsichtigt, wehtun.[14]

Schuld können wir sühnen, die Reue kann nicht ausgelöscht werden. Wir können uns aber mit uns versöhnen, damit versöhnen, dass wir schattenhaft reagiert haben. Unsere Mitmenschen erwarten von uns, dass wir Reue zeigen. Sie sind eher bereit, uns zu verzeihen, wenn wir Reue zeigen und damit zum Ausdruck bringen, dass wir die Schwere unseres Vergehens gegen die Mitmenschlichkeit eingesehen haben. Reue nennt man auch Gewissensbisse: Es sind nicht die Schuldgefühle allein, die uns quälen und die uns sagen, dass wir eine Ungerechtigkeit begangen haben. Es ist nicht nur die Angst, bestraft zu werden, in irgendeiner Weise dafür büßen zu müssen. Das ist es alles auch, aber es ist das Gefühl eines möglicherweise tiefen moralischen Versagens. An der Reue wird uns deutlich, was es heißt, ein Mensch zu sein, der auch einen Schatten hat. Natürlich entschuldigen wir uns – und vielleicht wird diese Entschuldigung auch angenommen. Aber die Reue bleibt, die Scham auch.

Scham zulassen

In einem Konflikt, der auch in einen Streit ausarten kann, geht es oft um Beschämung und um die Abwehr dieser Beschämung durch Wut. Daran ist zu denken, wenn wir versöhnlicher werden wollen.

Scham ist die Angst, bloßgestellt zu werden, in einem Kern gesehen zu werden, der nur für uns selbst bestimmt ist. Wenn wir uns schämen, haben die Mitmenschen unsere Grenzen ganz entschieden überschritten, sind uns unter die Haut geraten, bis an unseren Kern vorgedrungen. Die Scham ist eine sehr unangenehme Emotion. Wenn wir uns schämen, würden wir uns am liebsten in einem Mauseloch verkriechen, wir wären dankbar, wenn der Boden uns verschlingen würde. Diese Bilder zeigen uns, dass wir vor lauter Scham am liebsten nicht mehr existieren würden, zumindest nicht für die Augen der anderen. Wir projizieren den verachtenden Blick auf unsere Mitmenschen – sie schauen uns mit verachtenden, uns zerstörenden Augen an.

Scham kann aber auch in mitmenschlichen Beziehungen immer wieder erlebt werden: »Schäme dich!«, das ist ein Ausspruch, den viele von uns aus der Kindheit kennen, etwa, wenn wir uns zu ausgelassen, zu provozierend, zu »schamlos« gebärdet haben. Und auch als Erwachsene fangen wir gelegentlich einen Blick eines Mitmenschen auf, der uns sehr deutlich sagt, dass wir uns jetzt eigentlich schämen müssten. Wenn die Scham kein Thema aus der Kindheit ist, wenn sie keinen lebensgeschichtlichen Überhang hat, werden wir diese Blicke gelassen ertragen und die Situation selber bewerten und unser Verhalten allenfalls kontrollieren. Standen wir aber schon als Kind unter dem Eindruck, dass es immer wieder Menschen gibt, die uns beobachten, die nur darauf warten, dass wir uns schamlos verhalten, dann haben wir diesen »bösen Blick« verinnerlicht. Wir selber beobachten uns immer wieder mit diesem bösen Blick und verurteilen uns, schämen uns.

Nun hat die Scham durchaus auch ihren Sinn. Würden wir uns nicht gelegentlich schämen, so wären wir wohl *unver-*

schämt, würden uns schamlos benehmen, würden uns schamlos bereichern. Das geschieht ja auch. Das Schamgefühl ist also ein Schutz: Als Takt, als Dezenz, als Diskretion zeigt es sich in seiner Funktion, weder dem anderen Menschen, noch sich selber zu nahe zu treten, niemanden bloßzustellen.

Die Scham steht im Dienste des richtigen Maßes: Was können wir uns nehmen im Leben, wie weit können wir uns zeigen, wie weit müssen wir uns einpassen, anpassen?

Wenn wir uns zu sehr zeigen von unseren guten Seiten, können wir damit auch den Neid der Mitmenschen provozieren. Scham und Neid interagieren miteinander: Verdirbt uns jemand die Freude, vielleicht aus Neid, dann schämen wir uns. Wenn wir uns freuen, zeigen wir uns in einer glückhaften Weise. Etwas ist besser, schöner, befriedigender, als wir erwarten konnten, ein Grund zur Freude[15], und diese Freude drücken wir auch aus. Wir kontrollieren uns weniger als üblich, stehen mehr zu uns. Wir möchten, dass die anderen Menschen sich gemeinsam mit uns freuen, wir möchten, dass sie mit unserer Freude in Resonanz treten.

Nicht jeder lässt sich aber so leicht von der Freude eines anderen Menschen anstecken. Sie kann Neid auslösen. Da geht es einem anderen Menschen so viel besser als uns selber, dabei hätten wir es doch verdient… Natürlich kann man auch traurig darüber sein, dass man die Freude nicht teilen kann. Sind wir aber neidisch und drücken wir diesen Neid auch aus, dann umgibt uns eine Atmosphäre des Neides statt eine Atmosphäre des Gönnens, und das kann auf den Menschen zurückwirken, der sich freut. Eine häufige Reaktion ist Scham: In der Freude haben wir zu viel von uns gezeigt, haben uns zu sehr exponiert, einen anderen Menschen damit neidisch gemacht – und dieser hat uns durch seinen Neid in die Schranken gewiesen. Das löst oft Scham aus, die wir gegebenenfalls rasch mit Ärger abwehren, von der Scham sprechen wir dann aber nicht. Vom Neid auch nicht.

Mit Schuldgefühlen umgehen

Wie wir mit unserem Schuldgefühl umgehen, hat einen großen Einfluss auf Konfliktsituationen. Im aggressiven Umgang mit Schuldgefühlen werden diese projiziert: Nicht ich bin schuld, du bist schuld! Du ganz allein. »Wäre meine Frau nicht so rechthaberisch, so wäre ich viel versöhnlicher und weniger verletzend.« Menschen, die ihre Schuld anderen delegieren, stehen unter dem inneren Druck, perfekt sein zu müssen, aber auch Recht haben zu müssen um jeden Preis. Diese Menschen können außerdem nicht sehen, dass bei einem Konflikt zwei Menschen interagieren und man gelegentlich, wenn Wut gegen Wut anbrandet, ein Verhalten zeigt, das man nicht gezeigt hätte, wenn man sich nicht hätte provozieren lassen.

Der depressive Umgang mit Schuldgefühlen zeigt sich ebenfalls darin, dass nicht gesehen wird, dass zwei Menschen miteinander ein Problem haben und auch emotional aufeinander eingewirkt haben: Man fühlt sich ganz allein schuldig, ganz und gar schuldig – und man schämt sich zutiefst. Wahrscheinlich ist es etwas leichter, Schuldgefühle zu ertragen als Schamgefühle, da die Schamgefühle uns als ein Nichts erleben lassen. Gefühle der Scham beeinträchtigen unser Selbstwertgefühl sehr. Dann hat man doch lieber Schuldgefühle, die in sich zudem den Hinweis tragen, dass man etwas auch wieder gutmachen kann. Ob man die Schuld projiziert oder sie so ganz und gar übernimmt und sich zusätzlich noch schämt, nichts wird in die Verantwortung genommen, die Schuldgefühle werden abgewehrt.

Bei diesen beiden Formen der Abwehr haben wir es mit Dominanz und Unterwerfung zu tun. Ein Mensch will über den anderen Menschen dominieren, es geht nur noch um Macht, um Recht haben. Es gibt jeweils einen Angreifer, eine Angreiferin und ein Opfer. Beide versuchen auf ihre Weise, das beeinträchtigte Selbstwertgefühl wiederherzustellen. Das ist eine Notreaktion. Dass man auch streiten und so die Beziehung verändern und das lädierte Selbstwertgefühl wiederherstellen könnte, kommt einem gar nicht in den Sinn.

Wenn wir ein Schuldgefühl erleben, erleben wir Angst und Ärger: Angst, bestraft zu werden, mit irgendwelchen Sanktionen rechnen zu müssen, zum Beispiel die Zuneigung eines Partners oder einer Partnerin zu verlieren, aber auch Angst, sich schämen zu müssen, bloßgestellt zu werden. Diese Angst wehren wir mit Wut ab. Nicht selten kämpft eine ängstliche mit einer ärgerlichen Stimme. Aber meistens gibt es einen benennbaren und erlebten Konflikt, der nicht einfach wegdiskutiert werden kann. Da wir auch dem Partner oder der Partnerin gegenüber empathisch sind und das Problem offen liegt, versuchen wir uns klar zu machen, welches Problem in die Verantwortung genommen werden muss und kann. Das ist die Form der Wiedergutmachung. Denn – so zeigt es die Reue – die Zeit kann nicht zurückgedreht werden, man kann das Unrecht vielleicht ein wenig umdeuten, beschwichtigen, aber man kann es nicht aus der Welt schaffen.

Es ist sinnlos, sich in Schuldgefühlen zu verzehren. Schuldgefühle haben den Sinn, uns zu zeigen, dass wir eine Grenze überschritten haben, die entweder die Mitmenschen uns nicht erlauben zu überschreiten oder wir uns selbst nicht erlauben. Und sie zeigen uns, dass dieses Handeln eine destruktive Wirkung hatte. Wir müssen also unser Verhalten verändern.

Natürlich wird der angegriffene Mensch eine Entschuldigung erwarten, vielleicht auch einen Hinweis darauf, dass man es eigentlich nicht so gemeint hat, dass es einem wirklich Leid tut, man deshalb auch zerfallen ist mit sich selbst. Aber ohne die deutliche Absicht, das Problem wirklich anzusehen und sich zu fragen, wie man in der Zukunft verantwortlich mit diesem Problem umgehen kann, bleiben diese Bekenntnisse Lippenbekenntnisse. Auch wenn man miteinander herausarbeitet, was in die Verantwortung genommen werden muss, heißt das noch nicht, dass es einem auch in Zukunft gelingt, sich anders zu verhalten. Die Idee, dem anderen nur dann zu verzeihen, wenn er oder sie verlässlich Besserung verspricht, zeugt von wenig Menschenkenntnis.

Die Wirkungsgeschichte der Verstrickung

Konfrontiert man sich mit den eigenen Schuld- und Schamgefühlen, dann wird man sich fragen, wie man aufeinander eingewirkt hat, dass es zu einer Eskalation von Ärger, von aggressiven, beleidigenden, destruktiven Handlungen gekommen ist.

Gerade in engen menschlichen Beziehungen, in Liebesbeziehungen, sind die Beteiligten ja nicht angetreten, um einander zu bekriegen und sich gegenseitig zu beschämen, sondern um einander zu einem guten Leben zu verhelfen. Deshalb ist die Frage, was denn geschehen ist, dass man so destruktiv miteinander umgeht, eine wichtige Frage. Geht man dieser Frage nach, erinnert man sich auch an die frühe Zeit der Beziehung und daran, dass diese Beziehung eine Geschichte hat und einmal eine Liebesbeziehung war, in der viele gute Erfahrungen möglich waren. In jeder Beziehung ist wesentlich mehr als das, was den aktuellen Konflikt ausmacht. Diese Erinnerungen relativieren die aktuellen Schwierigkeiten: nicht in dem Sinne, dass sie verharmlost werden, aber doch so, dass deutlich wird, dass die Beziehung nicht nur aus Konflikten besteht. Eine solche Einsicht hebt aber sofort wieder die Grundstimmung und das Selbstwertgefühl, und man kann sich wieder besser in den anderen Menschen einfühlen. Dann ist man auch bereit, miteinander zu rekonstruieren, wie der aktuelle Hauptkonflikt im Laufe des Zusammenseins nicht gelöst wurde und wie sich auf beiden Seiten immer mehr verdrängter Ärger, Schamgefühle und Wut aufgestaut haben. Und wenn man Glück hat, wird deutlich, welches Problem, möglicherweise auch welche Entwicklungsnotwendigkeit in die Verantwortung genommen werden muss.

Streiten lernen

Meistens wird uns beim Streiten bewusst, welches Problem wirklich in die Verantwortung genommen werden muss.

Beim wenig kontrollierten Streiten, auch wenn Ärger gegen Ärger anbrandet und vielleicht vieles gesagt wird, was man lieber nicht gesagt hätte, werden doch einige Probleme sichtbar und dadurch auch bearbeitbar. Wagen wir offen einander zu sagen, was uns jetzt wechselweise ärgert, kränkt, uns im guten Lebensgefühl beeinträchtigt, verletzt und demütigt, dann gewinnen wir das Material für eine weniger emotionale, ernsthafte Auseinandersetzung. Es wird deutlich, was an Veränderung in der Beziehung ansteht. Manchmal äußern wir in etwas überspitzter Weise, was wir verändert haben wollen oder wie wir unseren Partner, unsere Partnerin verändert haben wollen. Im Streiten, wenn beide ihren Unmut äußern dürfen und ihren Unmut auch äußern können, liegt eine Erfahrung von kämpferischer Nähe und ein großes Veränderungspotenzial. Die gegenteilige Erfahrung machen wir, wenn beide passive Aggressionen auffahren, keine Auseinandersetzung möglich ist und sich eine ärgerliche Missstimmung verbreitet. Man weiß dann zwar, dass etwas nicht in Ordnung ist, man weiß aber nicht, um was es sich handelt.

Beim offenen Streiten ist es auch wichtig, dass man die Ängste formulieren kann und dem anderen etwa sagen kann, dass man das schwerste Geschütz nicht auffährt, weil man befürchtet, dass der Partner oder die Partnerin sich dann ihrerseits rächen könnte. So richtig gut streiten können zwei sich Ebenbürtige, die einander gleiche Rechte einräumen und wissen, dass sie sich mit großer Wahrscheinlichkeit auch wieder versöhnen können und dies auch wollen.

Der Ausdruck des Ärgers, der zwar deutlich von Grenzen und von Grenzverletzungen handelt, ermöglicht dennoch eine große Nähe, weil man sich emotional offen begegnet und mit dem Ärger auch zum Ausdruck bringt, dass man darauf vertraut, dass die Beziehung sich verändern kann. Würde man darauf nicht mehr vertrauen, dann bräuchte man sich gar nicht mehr zu streiten. Aber Streit allein bringt keine Veränderung; die Anliegen, die im Streiten sichtbar und fühlbar werden, müssen aufgenommen werden. Wenn zwischen zwei Menschen deutlich erfahrbar wird, was gemeinsam in die Verantwortung genommen werden muss, aber auch genommen werden kann, wenn deutlich wird, was es also ist, was immer wieder zu ähnlichen Konflikten führt, bringt das große Entlastung, ja sogar Freude. Jetzt kann man wieder neu miteinander anfangen – man kann sich versöhnen. Die meisten Paare haben Rituale des Versöhnens. Sich diese in Erinnerung zu rufen und eventuell auch schon Vorkehrungen dafür zu treffen – etwa den Champagner kalt zu stellen –, hat nicht nur eine beruhigende Wirkung auf einen selber, sondern zeigt auch dem Partner oder der Partnerin, dass man an die Versöhnung glaubt und sie sich wünscht. Dennoch: Zur Versöhnung gehören immer zwei!

Ein Paar geht zur Versöhnung in einem scharfen Fußmarsch an den Ort ihres ersten großen Streites und der ersten großen Versöhnung. Dieses Ritual, meistens gefolgt von einer sexuellen Begegnung, so finden sie, bringt ihre Beziehung wieder ins Lot. Wesentlich dabei ist, dass sie dann beide wieder lachen können über ihre Konflikte und über die Verbissenheit, die sie an den Tag legen und die ihrer Beziehung so ganz und gar nicht angemessen ist.

Das Streiten als Selbstläufer

Es gibt Menschen, die wiederholen sich in ihren Streitereien unermüdlich: dieselben Auslöser, dieselben Argumente, dieselbe Verzweiflung, derselbe Ärger. Das ist nicht nur bei Paaren so, sondern auch bei Eltern und Kindern, bei Geschwistern, bei Arbeitskollegen und in Teams, die zusammen etwas erreichen wollen.

Beispiel

Zwei Männer haben miteinander eine Firma aufgebaut. Sie sind erfolgreich, aber nicht wirklich zufrieden. Jeder hat den Eindruck, vom anderen nicht genug respektiert zu werden. Sie suchen Beratung, weil sie ihr Streiten satt haben. Es geht dabei nach ihren Aussagen immer um dasselbe, und es führt nie zu einer wirklichen Lösung.

»Wissen Sie, unsere Streitereien laufen immer gleich ab. Ausgelöst werden sie dadurch, dass einer von uns nervöser ist als normal, schlecht geschlafen hat, Ärger zu Hause gehabt hat oder einfach, weil Föhn ist oder sonst ein belastendes Wetter. Wenn etwas Stress von außen kommt, dann sind wir nicht mehr belastbar.

Dann ergibt sich etwa folgender Dialog:

A: Immer bleibt an mir die viele Arbeit hängen, du hast dir wieder die Rosinen herausgepickt.

B: Das stimmt überhaupt nicht, und überhaupt hast du dir gestern viel Freizeit genommen.

A: Nein, das stimmt nicht – ich hatte ein wichtiges Kundengespräch. Das ist wieder ganz typisch, du nimmst nie wahr, was ich erledige, du siehst nur, was du machst. Ich halte das nicht mehr aus. Ich werde aus unserem Laden aussteigen.

B: Das sagst du immer, wenn du Stress hast. Du bringst es doch nicht über dich, auszusteigen. Stell dir vor, wie viel Geld du dabei verlieren wirst…

Meistens kommt dann ein Anruf, der unseren Streit unterbricht, aber eigentlich abbricht. Jeder ist dann ›verschnupft‹, wir gehen uns aus dem Weg. Manchmal lachen wir auch und sagen: Wie bei einem alten Ehepaar. Aber irgendwie macht es uns doch zu schaffen. In letzter Zeit kommen diese Streiterein fast täglich vor, wir fühlen uns nicht mehr wohl miteinander, aber wir wollen doch zusammen bleiben – und vor allem: Es ändert sich einfach nichts.«

Ich nenne diese Art des Streits einen Selbstläufer, weil auf einen noch auszumachenden Auslöser hin, den beide als unbedeutend einstufen, ein vorhersagbarer Schlagabtausch stattfindet, bei dem die einzelnen Elemente austauschbar sind. Es ist beinahe ein ritueller Streit, von dem man auch weiß, wie er endet: Die Pflicht ruft. Die Beobachtung der beiden, dass diese Streitereien sich immer öfter ereignen, zeigen, dass sie ernst genommen werden müssten. So ganz ernst nehmen sie die angedrohte Konsequenz ihres Streitens, dass zumindest einer die gemeinsame Firma verlässt, nicht. »Wir sagen das einfach so, aber eigentlich meinen wir es nicht so.« Auf die Frage, was sie denn eigentlich meinen, schweigen sie zunächst etwas verblüfft. Ich schlage vor, die Vorwürfe, die sich im Streit zeigen, ernst zu nehmen und sich einmal zu fragen, welche Wünsche an den Partner sich dahinter verbergen. Dagegen entwickeln beide einen Widerwillen. Sie schlagen stattdessen vor, wir müssten doch Wege finden, sie zu entstressen. Dieses Ausweichen ist typisch für das Streiten als Selbstläufer: Man mag nicht einmal mehr hinsehen, was denn wirklich damit verbunden ist.

Zu lernen, besser mit Stress umzugehen, ist immer hilfreich. Sind wir gestresst, so ärgern wir uns wirklich schneller und wir können auch weniger produktiv mit dem Ärger umgehen. Können wir allerdings so mit dem Ärger umgehen, dass nicht zu viel weiterer Ärger entsteht, sind wir auch weniger gestresst. Ich bat die beiden, ihre Hauptstressoren und ihre Wirkung zu benennen und Vorschläge zu machen, wie sie damit besser umgehen könnten. Der eine hatte zwei pubertierende Söhne zu Hause, die ihn stressten, der andere bezeichnete sich als sehr wetterfühlig. Sie führten noch einige weitere Erfahrungen auf, die sie gelegentlich stressten, und dann fanden sie, ihr Streiten stresse sie sehr und die damit verbundene Angst, vielleicht könnten sie eines Tages dieses Geschäft wirklich nicht mehr miteinander führen. Einer allein aber könne das nicht, weil jeder sehr spezifische Fachkenntnisse einbringe und es eigentlich ein Glücksfall sei, dass sie sich gefunden hätten. Dieser Stress sei bedeutender als der Stress mit den Jugendlichen zu Hause und die Wetterfühligkeit.

Es ist leicht zu sehen, warum dieses Streiten zu einem Selbstläufer geworden ist. Aus Angst, dass der eine oder der andere seine Drohung wahrmachen könnte, was ein existenti- elles Fiasko wäre, wagen sie gar nicht hinzusehen, worüber sie sich eigentlich streiten. Als sie sich gegenseitig zugaben, wie sehr sie einander brauchten und sich schätzten, und dass sie uneingestanden große Angst hatten, dass vielleicht eine Trennung anstehen könnte, trat eine merkliche Entspannung ein. Gerade das hatten sie doch in ihren Streitereien jeweils angemahnt: Der andere anerkenne die Leistung nicht, würde versuchen, für sich selber die bessere Situation zu schaffen. Jetzt, im Gespräch über den Rohstoff der Probleme in ihrem Streiten wurde beiden deutlich, dass zwischen ihnen immer wieder so etwas wie eine Geschwisterrivalität entsteht. So, wie sie miteinander umgehen, seien sie früher mit ihren Brü- dern umgegangen.

Sie hinterfragen ihre Vorwürfe nun ernsthaft: An sich haben sie beide eine klar umrissene Rolle, es gebe aber natürlich Überschneidungen, und da – das gab B zu – sei er schon we- sentlich geschickter darin, A unangenehmere Aufgaben zu- zuschanzen. Er bot an, sich etwas zu bessern oder zumindest sich daraufhin ansprechen zu lassen.

Das Grundthema, das sich in diesem Streit zeigte, war das Problem der gegenseitigen Anerkennung, die beide einander schuldig blieben, vermutlich, um ihr Selbstwertgefühl da- durch aufzubessern. So mussten sie nicht zugeben, wie sehr sie vom Partner abhängig sind und auch dankbar zu sein ha- ben, dass sie dieses Geschäft miteinander führen können. Bei beiden war im Hintergrund damit auch eine Geschwister- thematik verbunden. Bei jedem Streit kann man einen lebens- geschichtlichen Hintergrund finden[16], ein Problem aus der ei- genen Biografie, das das aktuelle Problem verschärft oder es möglicherweise auch auslöst. Wenn dieses Problem aus der Lebensgeschichte sehr störend ist, etwa weil man sich auf- grund eines bedeutenden Komplexes mit fast allen Menschen in Kürze in die gleiche Art von Konflikten verwickelt, dann ist es sinnvoll, dieses Problem in einer tiefenpsychologisch orientierten Psychotherapie zu bearbeiten. Aber da wir alle in aktuellen Situationen immer mit unserer ganzen Lebenserfahrung reagieren, ist dieser Einfluss zu akzeptieren. Er befreit uns nicht davon, uns mit anderen Menschen in einer guten Weise auseinander zu setzen.

Die beiden Geschäftspartner lernten, ihre Streitereien sehr ernst zu nehmen: Statt sie durch ein Telefonat zu verdrängen, stellten sie den Anrufbeantworter ein und fragten sich, was sie jetzt wieder übersehen hätten, und sie verteilten ihre Aufgaben neu.

Wir arbeiteten aber auch an der Geschwisterrivalität im Hintergrund. Beide brachten aus ihrer Lebensgeschichte eine Komplexepisode mit, eine schwierige, emotional betonte, störende Beziehungsepisode, die sich in ihren Streitereien konstellierte.

A, der B vorwirft, ein »Rosinenpicker« zu sein, hatte einen wenig älteren Bruder, der mit ihm deutlich rivalisierte. Dieser versuchte, sein Selbstwertgefühl auf Kosten des kleineren Bruders aufzubessern. Er erzählte immer wieder laut am Familientisch, was er heute alles für die Familie getan habe, und der Kleine, der habe wie immer nur die Rosinen herausgepickt. (A hatte als Kind die Angewohnheit, aus den Kuchenstücken nur die Rosinen herauszupicken.) Die Mutter habe sich jeweils schützend vor ihn gestellt, der Vater aber sei einverstanden gewesen mit dem Bruder. »Ich kam mir dann sehr minderwertig vor: Da sind zwei Männer, und ich bin ein Rosinenpicker. Das Schlimmste daran aber war, dass es gar nicht gestimmt hat und dass ich mich einfach nicht verteidigen konnte. Ich konnte nicht für mich einstehen. Die Mutter sagte zwar, es stimme nicht, aber sie sagte es nie genau. Sie sagte auch nicht, dass es nicht wahr sei. Sie sagte eher, ich sei ja auch noch kleiner – und klein wollte ich ja nicht sein. Ich habe auch viele gute Erfahrungen mit meinem Bruder, auch mit meinem Vater, aber diese Situationen waren ekelhaft. Noch heute, bei Familienfesten, sagt mein Bruder: »Da kommt unser Rosinenpicker – jetzt durchaus mit Anerkennung. Er findet, dass unsere Arbeit in unserer Firma sehr gut und lukrativ ist, im Gegensatz zu seiner Arbeit. Es gibt mir immer noch einen Stich, wenn er dieses Wort sagt. Ich wollte kein Rosinenpicker sein. Zuerst verstand ich überhaupt nicht, was das ist, ich fühlte mich aber kritisiert, heute würde ich sagen, verächtlich gemacht. Damals wusste ich ja noch nicht, dass mein Bruder so seinen Selbstwert aufbesserte – ich war nämlich viel erfolgreicher in der Schule.«

Das ist eine Komplexepisode, die in die Auseinandersetzung der beiden Geschäftspartner hineinspielt. Er nennt seinen Partner sogar einen »Rosinenpicker«, ist nun identifiziert mit dem Bruder in seiner Komplexepisode, und lässt einen anderen erleben, was er erlebt hat. Die Frage stellte sich natürlich, ob er jetzt ebenfalls auf Kosten seines Partners sein Selbstwertgefühl aufbessern muss, oder ob diese Komplexepisode, die ja auch ein Beziehungsmuster darstellt, das einzige Beziehungsmuster ist, das er sich zwischen sich selbst und einem brüderlichen Mann vorstellen kann.

B amüsierte sich sehr über diese Geschichte und bestand darauf, dass A ein Rosinenpicker sei und nicht er, wie es ihm vorgeworfen wird. B meint also, A projiziere den Rosinenpicker, für ihn einen Schattenaspekt seiner Persönlichkeit, auf ihn.

B erinnerte ein etwas anderes Beziehungsmuster, nicht eigentlich eine Komplexepisode. B ist der älteste von drei Brüdern.

»Ich war immer vernünftig. Ich habe immer alles verstanden, ich habe meine Brüder beruhigt. Sie waren halt kleiner und haben viel Unsinn gemacht – so unüberlegt. Und ich wollte den Eltern, vor allem der Mutter, helfen. Und dann habe ich sie oft beruhigt. Sie kommen heute noch zu mir, wenn sie in irgendeiner Aufregung sind, wenn etwas sie überfordert oder ängstigt. Manchmal sagen sie allerdings auch, ich sei immer so arrogant gewesen, ich hätte alles bestimmt, alles gelöst, und ich sei auch stolz darauf gewesen, so vieles in Ordnung zu bringen – und sie seien sich so klein und dumm vorgekommen.«

Die Erinnerung an dieses Beziehungsmuster erklärt einiges: Auch im Streiten scheint es so zu sein, dass B versucht, einen klaren Kopf zu behalten, er erklärt seinem Partner, dass er viel Geld verlöre, wenn er aussteigen würde. Es ist durchaus denkbar, dass er es schafft – ohne es zu beabsichtigen –, seinen Partner als einen seiner kleinen Brüder zu behandeln, denen er, der Große, doch sagen muss, wie das Ganze zu handhaben ist.

Natürlich gibt es sicher weitere Beziehungsmuster, die in den Streit der beiden Männer hineinwirken. Aber diese beiden Muster lösten bei beiden ein Aha-Erlebnis aus, das ihnen half, in gespannten Situationen miteinander zu prüfen, ob wieder ein »altes« Muster mit hineinwirkte.

Ein selbstlaufender Streit hört auf ein Selbstläufer zu sein, wenn man die Themen, die sich im Streiten zeigen und die man, da man sie oberflächlich schon längst zu kennen meint, nicht mehr hören kann, ernst nimmt und sie befragt, was durch sie in der Beziehung angemahnt wird.

Gutes Streiten ist möglich, wenn man das aktuelle Gefühl ansprechen kann. Unsere Gefühle, besonders die heftigen Gefühle, sind mit Erinnerungen verbunden und verbinden diese auch mit der aktuellen Situation. So funktioniert unser Gedächtnis. Deshalb sind wir bei einem Streit auch in Gefahr, nicht nur die aktuelle Enttäuschung anzusprechen und das damit verbundene Problem zu benennen, sondern wir können leicht zu einem Rundumschlag ausholen. Dann ist es uns aber nicht mehr möglich zu wissen, was wir in die Verantwortung nehmen müssen, um uns auch wirklich versöhnen zu können.

Verzeihen und versöhnen

Voraussetzung, um verzeihen zu können und versöhnlicher zu werden, ist, genauso wie für gutes Streiten, die unverletzte Intersubjektivität[17], das Akzeptieren, dass jeder Mensch gleichwertig ist und in gleicher Weise Anspruch hat geachtet und respektiert zu werden, dass Menschen auf wechselseitige Anerkennung hin angelegt sind und dass sich jeder Mensch gern in diesem Leben verwirklichen möchte.

Ob es gelingt zu verzeihen und sich zu versöhnen, hängt von vielen Aspekten ab. Einige habe ich schon besprochen, andere werde ich noch ausführen:

- von der Bedeutung der Beziehung, in der der Konflikt sich ereignet, aber auch von der grundsätzlichen Bindungsfähigkeit
- von der Art und der Bedeutung des Angriffs, aber auch von der Verletzbarkeit
- vom Umgang mit Ärger und Ärgerfantasien
- vom Selbstwertgefühl und von der Fähigkeit, dieses zu regulieren
- von der habituellen Schattenakzeptanz
- von der Fähigkeit zu trauern
- von den prosozialen Gefühlen
- von der Fähigkeit zur Empathie
- vom Entschluss zur Versöhnung und der Wiedergutmachung

Alle diese Aspekte enthalten in sich Ansätze, um verzeihender und versöhnlicher zu werden. Abhängig von der Persönlichkeit der Menschen, die sich versöhnen wollen und von der Situation, in der Versöhnung notwendig ist, werden einzelne Aspekte mehr im Vordergrund stehen.

Der Aspekt der Beziehung

Wenn beiden Streitenden die Beziehung wichtig ist, dann ist die Wahrscheinlichkeit groß, dass sie sich versöhnen. Nun sind uns Menschen Bindungen überhaupt wichtig und einander zu verzeihen und sich zu versöhnen ist auch deshalb bedeutsam, weil wir damit die Bindungen, die in Gefahr sind, wiederherstellen können. Ist uns eine Beziehung nicht wichtig, dann haben wir wesentlich weniger Anlass, uns zu versöhnen.

Bowlby[18] hat postuliert, dass es biologisch angelegte Bindungssysteme gibt, die bewirken, dass jedes Junge einer Spezies, also auch die Jungen der Spezies Mensch, bei Gefahr – komme sie von außen oder von innen – Sicherheit und Schutz bei einem Älteren sucht. Diese Älteren sind meistens die Eltern. Die Bindungsperson ist die Person, zu der das Neugeborene in den allerersten Lebensmonaten am meisten Kontakt hat. In dieser Zeit wird die Bindung an die Bindungsperson ausgebildet. Droht irgendwann im Leben Trennung, wird das Bindungssystem aktiviert und damit die Bindungsmuster, die man am Anfang des Lebens gebildet hat, die sich aber im Laufe des Lebens durch neue Beziehungserfahrungen auch verändern können. Haben wir einen Konflikt mit einem uns nahen Menschen, werden unsere Bindungsmuster aktiviert, die wir in der Kindheit erworben haben. Wir können vertrauensvoller sein, wir können sofort misstrauisch werden usw.

Mary Ainsworth und ihre Mitarbeiter und Mitarbeiterinnen haben einen Test entwickelt, die »Fremde Situation«, mit dem die Bindungsqualität gemessen werden kann.[19] Kinder mit einem sicheren Bindungsmuster zeigen Kummer, wenn die Mutter den Raum verlässt. Sie unterbrechen möglicherweise das Spiel, suchen nach der Mutter, lassen sich nicht so leicht von anderen trösten oder zur Neuaufnahme des Spiels überreden. Kommt die Mutter zurück, suchen sie kurz Nähe und Körperkontakt, begrüßen sie freudig und nehmen ihr Spiel wieder auf. Eine sichere Bindung erlaubt es dem Kind also, mit schwierigen Lebenserfahrungen und den damit verbundenen Erregungszuständen umzugehen, sie zu regulieren.

Kinder mit einem sicheren Bindungsmuster zeigen in späteren Beobachtungssituationen, zum Beispiel im Kindergartenalter, adäquates Sozialverhalten. Sie können Konflikte eher selbständig lösen, haben mehr positive Affekte, also Interesse, Freude usw., mehr Fantasie und mehr Ausdauer. Sie werden beschrieben als konzentrierter, erfindungsreicher, frustrationstoleranter und neugieriger. Auch können sie Gefühle der Trauer und der Aggression zulassen, diese formulieren, und sie können sich Hilfe und Trost holen.[20]

Von anderen theoretischen Hintergründen her kann man das sichere Bindungsmuster mit dem Konzept des »Urvertrauens«[21] oder mit dem Konzept des ursprünglich positiven Mutterkomplexes[22], wie ihn Jung und andere beschrieben haben, in Zusammenhang bringen. Bei all diesen Konzepten geht es um die Bindung, um die Interaktion zwischen Beziehungsperson und Kind.

Nun fragen Bindungstheoretiker und Bindungstheoretikerinnen nach den Voraussetzungen dafür, dass Kinder eine sichere Bindung entwickeln können.[23] Die mütterliche Feinfühligkeit im Umgang mit dem Kind ist dabei wesentlich, ebenso wie die Einstellung der Mutter ihrer eigenen Kindheit gegenüber[24]. Eine weitere wichtige Erfahrung, die zu einer sicheren Bindung führt, ist der Umgang der Bindungsperson mit den Affekten. Die Bindungsperson nimmt die Affekte wahr, die ein Kind hat – Kinder können ja durch Affekte ungeheuer gestört sein –, lässt den Affekt zu, versteht ihn, z.B. die ungeheure Wut oder die Trauer usw., und versteht es darüber hinaus, diesen zu verändern, ihn erträglich zu machen. Oft genügt es, dass man einem Kind bestätigend sagt: »Mensch, jetzt bist du aber wirklich wütend.« Und man kann das mit einer Stimme und einer Intonation sagen, die eine Struktur in diesen überbordenden Affekt legt. Ist ein Kind sehr traurig, wird man mit einer tröstenden Stimme sprechen und das Kind halten, vor allem aber den Affekt der Trauer nicht verleugnen.

Fonagy[25] hat weiter festgestellt, dass die »Fähigkeit der Eltern, eigenes und fremdes mentales Befinden zu reflektieren«, ein guter Prognosefaktor für die Bindungsqualität des

Kindes ist. In dieser Fähigkeit sind möglicherweise einige der oben genannten Bedingungen für eine sichere Bindung enthalten, wie etwa Feinfühligkeit, eine gute Affektabstimmung, Wissen darüber, welche zunächst unbewussten Erwartungen man an das Kind hat.

Ein lebendiges, andauerndes Interesse am Kind ist wahrscheinlich eine weitere Grundvoraussetzung für eine sichere Bindung.[26] Aber nicht nur das Zulassen von Interesse bewirkt Bindung, sichere Bindungen erlauben auch eigene Interessen. Wer unsicher gebunden ist, kann durch neue Bindungserfahrungen, zum Beispiel in der Psychotherapie, ein sicheres Bindungsmuster entwickeln.

Wenn uns eine Beziehung wichtig ist und wenn wir eher sicher gebunden sind, dann werden wir in Konfliktsituationen leichter verzeihen und versöhnlicher sein können.

Die Art des Angriffs und die Verletzbarkeit

Erleben wir einen Angriff als heftig, als ins Zentrum unseres Selbstwerts zielend, ungerechtfertigt, brutal – ohne jede Einfühlung, vielleicht auf nacktes Dominieren aus –, werden wir uns zunächst eher rächen wollen, als an Versöhnung zu denken. Ist ein geliebter Mensch ermordet worden, werden wir zunächst nicht an Versöhnung denken, sondern an Rache.

Auch hier gilt: Bringen wir lebensgeschichtliche Erfahrungen von immer wieder ungerechtem Angegriffen-worden-Sein mit, werden wir die Angriffe eher als bösartig und böswillig ansehen, sind wir respektiert worden, werden wir unter Umständen auch eine ziemliche Respektlosigkeit zunächst noch auf mildernde Umstände hin befragen. Das mag nach außen naiv wirken, kann aber eine recht gute Wirkung haben: Es beunruhigt den Empfänger oder die Empfängerin weniger, und dadurch kann eine Streitsituation weniger eskalieren. Eine Verständigung ist dann leichter herbeizuführen.

Menschen sind aber auch von ihrer Persönlichkeit her unterschiedlich in ihrer Vulnerabilität, in ihrer Verletzbarkeit.

Darüber hinaus gilt: Gleicht ein Angriff den Angriffen, mit denen wir uns auch schon früher, besonders auch als Kind, auseinander setzen mussten, wird er uns mehr treffen. Hat ein Mensch wenig gute Lebenserfahrungen verinnerlichen können, ist vielen Problemen ausgesetzt gewesen und hatte wenig Unterstützung und Hilfe von Erwachsenen, wird er oder sie empfindlicher auf Angriffe reagieren als andere, denn es sind wenig Modelle vorhanden, wie man mit derartigen Angriffen umgehen kann. Manchmal hat ein Mensch außer gewaltsamem Wehren keine andere Konfliktlösungsmöglichkeit gelernt.

Der Umgang mit Ärger und Ärgerfantasien

Haben wir gelernt, den Ärger auch in geringer Dosierung wahrzunehmen und ihn so zum Ausdruck zu bringen, dass nicht großer Ärger entsteht, dann ist die Bereitschaft zur Versöhnung wesentlich größer, ist vielleicht schon die Auseinandersetzung in einem versöhnlichen Ton möglich. Wer seine Ärgerfantasien bewusst zulassen kann, weiß um seine Rachegelüste und muss diese nicht unbedingt in der Realität umsetzen.

Ob die Verletzung benannt werden kann – und die Verletzung ist sehr oft eine Verletzung des Selbstwertgefühls –, hängt mit dem habituellen Selbstwertgefühl zusammen.[27]

Das Selbstwertgefühl

Mit einem hinreichend sicheren Selbstwertgefühl[28] kann man mit mittleren Kränkungen so umgehen, dass man sich relativ rasch wieder auf das normale Selbstwertgefühl einregulieren kann. Man schämt sich nicht über die Maßen, man erinnert sich auch nicht ständig an die Kränkung: Man fragt sich, was geschehen ist, nimmt den Ärger wahr und entscheidet sich, ob etwas in die Verantwortung genommen werden muss, ob man etwas verändern kann, wenn der Vorwurf berechtigt ist. Man wird sich selber trösten, indem man sich etwa sagt, dass man auch bessere Seiten hat als die gerade kritisierten, dass man auch schon einfühlender reagiert hat usw. Von einem Ungleichgewicht im Bereich des Selbstwertgefühls, in das wir durch einen Angriff von außen, aber auch durch eigenes Fehlverhalten geraten sind, versuchen wir so rasch wie möglich wieder ein Gleichgewicht zu finden.

Jeder Konflikt beeinflusst unser Selbstwertgefühl. Die Regulierung des Selbstwertgefühls angesichts von Kränkungen, Konflikten und Enttäuschungen, aber auch von Schicksalseinbrüchen, von Realitäten wie Alter, Krankheit und Tod ist eine menschliche Aufgabe. Und diese Regulierung gelingt einmal besser, einmal schlechter. Die Erhaltung und Wiederherstellung eines hinreichend guten Selbstwertgefühls ist eine Grundmotivation des Menschen. Es geht dabei keineswegs um ein übertriebenes, durch nichts zu erschütterndes Selbstwertgefühl – dieses stammt eher aus einer Abwehr von Minderwertigkeitsgefühlen –, sondern darum, dass das Selbstwertgefühl immer wieder reguliert werden kann, dass wir uns immer wieder, trotz selbstwertbelastender Erfahrungen auf ein für uns gutes Maß einregulieren können.

Die Quelle des hinreichend guten Selbstwertgefühls ist wohl die Freude und das Interesse, das die Beziehungspersonen dem Säugling gegenüber ausdrücken und ihm dadurch vermitteln, dass er ein erfreulicher, interessanter Mensch ist. Sein Selbst wird beantwortet in einem positiven Sinn von außen. Und das brauchen wir Menschen auch später im Leben: Was wir sind und was wir machen, verlangt eine Anerkennung von außen, es muss zumindest gesehen werden. Nun wenden uns die Menschen natürlich nicht nur den freudigen Blick zu – und das erwarten wir auch nicht –, aber etwas mehr Anerkennung und etwas weniger Abwertung würde dem Selbstwertgefühl generell gut tun. Es ist bekannt, dass Menschen, die sich »positive Illusionen«[29] machen über das, was sie sind und was sie tun – nicht sehr überzogen, doch alles ein wenig schöner sehen, als es ist und als sie es sind – ein sichereres Selbstwertgefühl haben. Es geht ihnen besser, sie sind »robuster« im Umgang mit dem Leben. Gibt uns die Umwelt die Anerkennung und den Respekt nicht, dann leisten wir das offenbar selber.

Wir beziehen das gute Selbstwertgefühl aus dem, was wir tun und aus dem, was wir in der Welt bewirken können, aus unserer Selbstwirksamkeit. Unser Wirken und unsere Leistungen geben uns aber nur dann ein gutes Selbstwertgefühl, wenn sie von anderen auch gesehen oder anerkannt werden.[30] Vielleicht auch, wenn wir sie selber sehen und anerkennen.

Ein gutes Selbstwertgefühl, so die Ergebnisse der Forschungen von Schütz, beziehen wir auch aus dem Eingebundensein in soziale Beziehungen. Dadurch erleben wir Freude und Interesse an uns. Aber auch unser Interesse wird stimuliert, wir erleben Anregung, aber auch Geborgenheit und die Gewissheit, dass wir Hilfe bekommen, wenn wir sie brauchen, und dass wir selbst Hilfe geben können, wenn sie benötigt wird. Zudem bekommen wir immer wieder Rückmeldungen, wie wir gesehen werden. Das kann einfach erfreulich sein, es kann aber auch dazu führen, dass wir etwas verändern und uns entwickeln müssen. An den anderen kommen wir zu uns selbst und haben ein gutes Selbstwertgefühl. Aus einem guten Selbstwertgefühl finden wir aber auch den Weg zu den anderen Menschen, zu einem sozialen Beziehungsnetz. In guten Beziehungen begegnet man sich mit Wohlwollen, wünscht sich das Beste – der Neid steht nicht im Vordergrund. Das ist auch das Charakteristikum von freundschaftlichen Beziehungen.

Die Freude, das Interesse am anderen Menschen, die Anerkennung, der Respekt und die Aufmerksamkeit – all das müssten wir in menschlichen Beziehungen immer wieder einbringen. Nicht nur die Kritik, nicht nur das Schweigen. (Nichts gesagt ist genug gelobt – so heißt ein Sprichwort in der Schweiz.) Das heißt nicht, dass man mit anderen Menschen immer einverstanden sein muss, der Widerspruch wird gerade dann konstruktiv und fordert zu Kreativität heraus, wenn er in einer akzeptierenden Atmosphäre erfolgt – und nur dann.

Erinnerungen an gute Beziehungserfahrungen, in denen unser Wert gesehen wurde, sind selbstwertstützend. Menschen, die uns zu verstehen gegeben haben, dass sie sich an uns freuen, dass wir für sie in irgendeiner Hinsicht wertvoll waren. Aber auch Beziehungsepisoden mit Eltern und Geschwistern in der Kindheit, die stimulierend waren, die uns aufgebaut haben. Auf diese Erinnerungen können wir zurückgreifen, wenn die Welt wenig selbstwertschonend mit uns umgeht – und das tut sie ja recht oft –, um unser Selbstwertgefühl wieder zu regulieren. Es gibt nie nur schlechte Erfahrungen, die wir dann verinnerlichen und als Erwartungen wieder an die anderen Menschen herantragen. Es gibt immer auch gute Erfahrungen, auch in schwierigen Biografien, die wir auch verinnerlicht haben und die für uns Ressourcen darstellen können.

Es gibt aber auch weitere Ressourcen. Wir alle haben Quellen, auf die wir zurückgreifen können. Alles, was uns gut tut, ist eine Ressource für die Selbstregulierung und für die Selbstwertregulierung. Im Laufe eines Lebens entwickeln wir vielfältige Techniken im Umgang mit uns selbst, besonders, wenn es uns gerade einmal nicht so gut geht. Die meisten Menschen haben ein ganzes Arsenal von solchen Techniken und wenden sie auch recht oft an – ohne viel darüber nachzudenken. Die Reflexion setzt dann ein, wenn diese »Mittel« nicht mehr greifen, wenn ein rascher Spaziergang den aufgestauten Ärger etwa nicht mehr zum Verschwinden bringt, die geliebte Musik die Gefühle des Beschwingtseins nicht mehr hervorzulocken in der Lage ist.

Ressourcen finden wir dort, wo uns etwas ganz wichtig ist im Leben, etwas, das uns Lebensqualität ermöglicht, etwas, das uns Freude macht, uns interessiert. Ressourcen finden wir auch in unseren Träumen und in unseren Fantasien. Dabei sind gerade unsere Fantasien im Zusammenhang mit Entzweiung und Versöhnung wichtig. Wir sind ihnen bis jetzt eher begegnet im Sinne von Vorstellungen über die Absichten der Menschen, die uns Übles tun, auch in den elaborierteren Ärgerfantasien. In unserer Vorstellung können wir Konflikte abbilden, uns aber auch Lösungen ausmalen, Strategien der Versöhnung. Wir können uns auch Erlebnisse und Erfahrungen mit Konflikten in Erinnerung rufen, die in uns damals ein Gefühl der Kompetenz und der Befriedigung, ein Wohlgefühl bewirkt haben. Wir können uns in der Fantasie auch Situationen wieder bewusst machen, in denen wir uns versöhnt haben, und damit auch die Gefühle, die das Sich-Versöhnen mit sich bringt, wieder beleben. Indem wir uns daran erinnern, holen wir uns diese Gefühle wieder zurück – und diese machen uns zufriedener, geben uns ein besseres Selbstgefühl und ein besseres Selbstwertgefühl.

Schattenakzeptanz

Der Schatten muss so weit wie möglich erkannt werden, er muss emotional bewusst als eigene Lebensmöglichkeit erfahren werden, in seinen schlechten und in seinen guten Konsequenzen für das eigene Leben und das Leben der anderen. Entweder erfüllt uns das mit einem neuen Gefühl von Echtheit und Stimmigkeit, oder wir werden von Trauer erfasst, weil es uns nicht gelingt, so zu sein, wie wir es uns vorstellen. Auch aus dieser Trauer erwächst eine neue Authentizität. Wir müssen das Selbstbild eines perfekten Menschen opfern, dafür sind wir echter, lebendiger und projizieren den Schatten weniger auf andere. Und in den Beziehungen sind wir zudem weniger naiv. Denn haben wir einmal wirklich akzeptiert – und das ist gar nicht einfach, auch wenn es einfach klingt –, dass wir Schattenseiten haben, wissen wir, dass wir immer auch für eine Überraschung gut sind, und nicht nur für eine positive Überraschung. Wenn wir akzeptieren, dass unsere eigenen Schattenseiten immer wieder einmal im Spiel sind, dann erwarten wir, dass auch unsere Mitmenschen bewusst oder unbewusst ihre Schattenseiten ausspielen.

Gelingt es uns, unsere Schattenseiten zu akzeptieren, und das gelingt uns nur, wenn wir uns auch auf unsere »Sonnenseiten« beziehen können, dann werden wir sie auch bei unseren Mitmenschen leichter akzeptieren können. Um den Schatten bei sich akzeptieren zu können, braucht man ein hinreichend gutes Selbstwertgefühl, das immer wieder ausbalanciert werden kann, denn man muss die mit dem Schatten verbundene Scham und Reue aushalten können. Ein hinreichend gutes Selbstwertgefühl haben wir eher, wenn wir auch die guten Anteile in uns kennen, die Seiten, die wir an uns akzeptieren können, die uns gefallen.

Erleichternd ist für die Akzeptanz des Schattens, wenn wir uns einzelnes schattenhaftes Verhalten ansehen und uns überlegen, wie wir damit umgehen können. Wenn wir den Schatten indessen generalisieren und uns vorstellen, wie verschattet wir sind, wenn wir all unser schattenhaftes Verhalten, das wir schon an den Tag gelegt haben, gleichzeitig sehen, gelingt das nicht. Es geht um die einzelnen Schattenaspekte in der jeweiligen Situation. Und das sind die Situationen im menschlichen Zusammenleben, wenn wir bereuen, was wir getan, was wir gesagt, was wir gedacht haben. Schattenanteile können Aspekte unserer Persönlichkeit sein, die wir geradezu hassen. Wenn wir in dieser Weise reagieren, dann hassen wir uns, hassen, was wir gemacht haben, sind von tiefer Reue erfasst und wissen, dass das, was geschehen ist, nicht ungeschehen gemacht werden kann, auch wenn man es noch so gern ungeschehen machen würde. Daraus ergibt sich die Notwendigkeit, sich mit sich selbst zu versöhnen, und wenn man lernt, sich mit sich selbst zu versöhnen, ist das eine gute Grundlage, um sich auch mit anderen Menschen zu versöhnen. Menschen, die sich selber auch mit Ecken und Kanten akzeptieren können, haben ein besseres Selbstwertgefühl und sie können zudem auch leichter die Mitmenschen mit Ecken und Kanten akzeptieren, so das Ergebnis der empirischen Forschung von Astrid Schütz.[31]

Schattenakzeptanz bringt auf der individuellen Ebene Frieden mit sich selbst. Ich akzeptiere meine Begrenztheit, ich weiß, ich bin mir selber immer für eine Überraschung gut, auch für eine unangenehme. Wenn wir unsere Begrenztheit akzeptieren, so heißt das nicht, dass wir unsere Grenzen nicht

ausschreiten und gelegentlich auch verantwortlich überschreiten sollten. Psychologisch gesehen geht es bei der
Schattenakzeptanz um mehr Echtheit, um mehr Authentizität
und darum, dass wir nicht die anderen Menschen für das verantwortlich machen, was in unserer eigenen Verantwortung
liegt.

Gelingt es uns den Schatten zu akzeptieren, und das erfordert immer wieder neue Anstrengung, dann ist niemand ganz
gut, niemand aber auch ganz böse, und so kann man einen
Konflikt als ein Zusammenspiel sehen, zu dem beide etwas
beigetragen haben.

Jungs Antwort auf die Frage des Bösen in seinem letzten
Lebensjahr lautete: »Wer also eine Antwort haben will auf die
heute gestellte Frage des Bösen, der bedarf in erster Linie der
gründlichen *Selbsterkenntnis* (…) Er muss ohne Schonung
wissen, wie viel des Guten er vermag und welcher Schandta-
ten er fähig ist, und er muss sich hüten, das eine für wirklich
und das andere für Illusion zu halten.«[32]

Das aber ist letztlich die Voraussetzung dafür, dass wir einander verzeihen und uns auch wieder versöhnen.

Der Schatten in der Beziehung

Jeder Mensch bringt in jede Form der Beziehung Schattenanteile mit. Die Mitmenschen sehen unsere Schattenanteile besser als wir selbst. Ertappt man aber jemanden bei einem Verhalten, das dieser Mensch für schattenhaft hält, beschämt das
ungemein – und die Scham kann dann mit Wut abgewehrt
werden. Das können gelegentlich eher harmlose Bemerkun-
gen sein, die zu einem größeren Konflikt führen. So sagte ich
einmal bei der Besprechung einer Seminararbeit zu einer Studentin, nachdem wir festgestellt hatten, dass immer die letzte
Zeile einer Seite fehlte und ich dadurch einige Übergänge
nicht verstand, das sei ja jetzt »dumm«. Im Schweizerdeutsch
meint das einfach, dass etwas dumm gelaufen ist, ein wenig
unglücklich, aber harmlos. Die Studentin reagierte sichtlich

verstimmt. Auf meine Frage, was sie denn jetzt gehört habe, meinte sie, ich hätte sie, die Studentin als dumm bezeichnet – und das sei das Schlimmste, was man ihr sagen könnte. Dumm sein, das sei »das Allerletzte.« Es brauchte viel Überzeugungsarbeit, um diese vermeintliche Schattenverschreibung einigermaßen rückgängig zu machen.

In einer Beziehung projizieren wir unseren Schatten, oder wir delegieren ihn auch. Wir bringen einen Partner oder eine Partnerin dazu, unseren Schatten auszuleben.

Da ist eine Frau sehr darauf erpicht, friedfertig zu sein. Natürlich erlebt sie auch Ärger und die dazu gehörende ärgerbedingte Aggression, denn sie ist ein Mensch wie alle anderen Menschen auch. Aber sie ist der Ansicht, mit ihrem Ärger gut umgehen zu können, wenn bloß ihr Mann sich nicht wegen jeder Kleinigkeit ärgern würde und unflätige Worte ausstoßen würde. Ihr Mann wundert sich, dass er zu Zeiten, in denen seine Frau abwesend ist, viel weniger aggressiv ist. Sie wundert sich, dass sie in ihrem Geschäft viel aggressiver ist als zu Hause und sich wesentlich mehr ärgert. Ihr Mann hat ein Problem mit seinen Aggressionen, aber seine Frau hat ihm die ihren gerade auch noch aufgepfropft. So kann sie ihn kritisieren, sie kann ihm helfen, sie kann liebevoll sein, weil sie mit einem so aggressiven Mann weiter zusammenlebt und ihn nicht verlässt – und sie muss sich nicht mit ihrem Schatten auseinandersetzen.

Gelegentlich vereinigen sich auch energetisch wenig bedeutsame Schattenanteile von beiden. Ein Paar sagt von sich, sowohl sie als auch er seien ein ganz klein wenig leichtsinnig – was sie als Schatten deklarieren. Wenn sie aber miteinander etwas unternehmen, dann sind sie »ganz schön leichtsinnig, da gibt es dann kein Halten mehr!« Dieser vereinigte Schatten scheint doch eine durchaus lustvolle Komponente zu haben.

Der Schatten spielt in unseren zwischenmenschlichen Auseinandersetzungen die zentrale Rolle. Bei unseren Partnern und Partnerinnen können wir den Schatten nicht mehr spannend finden. Vielleicht noch in der ersten Zeit der Verliebtheit. Da finden wir Schattenanteile noch »interessant«, oder gar »niedlich«. Bald aber geben diese Seiten Anlass zu Ärger, vor allem auch, weil sich der geliebte Mensch trotz aller Liebe nicht bessert. Man ist dann richtig unversöhnlich mit der Fehlbarkeit des anderen Menschen – und kann es lange bleiben. So lange, bis man sich damit versöhnt und sich klar macht, dass es dem Partner oder der Partnerin ähnlich mit uns ergeht. Schwieriger ist es, wenn Menschen sich ein Bild ihres Partners oder ihrer Partnerin machen, das der Projektion des eigenen Schattens entspricht. Da ärgert sich ein Mann noch über den Tod seiner Frau hinaus darüber, dass seine Frau geizig war und dass ihm dadurch vieles versagt geblieben ist. Während der Trauerarbeit wird ihm zunächst bewusst, dass er einen »Geizschatten« hat, dass seine Frau möglicherweise auch geizig war – aber dann wird ihm immer klarer, dass seine Frau nicht geizig war, dass sie sich aber an ihn angepasst hatte und dass es eigentlich genug Gelegenheiten gab, bei denen sie das auch zum Ausdruck brachte. Er aber hörte nicht, sah nichts und war innerlich unfroh mit der Wahl dieser Frau, die zwar viele Qualitäten hatte, jedoch in seinen Augen geizig war. Wäre er sich seines Schattens bewusster gewesen, hätten die beiden zufriedener miteinander sein können.

Wer weiß, dass er oder sie auch schattenschaft reagieren kann, ohne dies zu beabsichtigen, kann schattenhaftes Verhalten bei anderen Menschen besser verstehen und akzeptieren. Auch ist man eher bereit anzusehen, was man selber zu einem Konflikt beigetragen hat. Beides führt dazu, dass wir uns auch leichter wieder versöhnen können.

Die Fähigkeit, den Schatten zu akzeptieren, hängt wesentlich vom Selbstwertgefühl ab. Wer ein hinreichend gutes Selbstwertgefühl hat, kann Schatten besser akzeptieren. Wer Schatten besser akzeptieren kann, verbessert dadurch das Selbstwertgefühl. Wer ein gutes Selbstwertgefühl hat, kann besser verzeihen und sich versöhnen. Wenn wir uns versöhnen und aus der Rolle des Opfers aussteigen, gewinnt unser Selbstwertgefühl. Dies umso mehr, als wir dadurch auch bessere Beziehungen zu unseren Mitmenschen herstellen können, was das Selbstwertgefühl abermals verstärkt.

Die Fähigkeit zu trauern

Im Trauerprozess, wenn wir ihn denn zulassen konnten, söhnen wir uns mit einem Verlust aus. Auch wenn wir keinen Menschen unwiederbringlich verloren haben, wenn wir uns zerstritten haben, so haben wir diesen Menschen vorübergehend doch verloren, und wir können uns ähnlich wie beim Tod eines geliebten Menschen sehr verlassen fühlen. Die vordem gute Beziehung wird als zerstört erlebt.

Der Trauerprozess ist ein Prozess der Versöhnung. Gelingt er, dann können wir uns einverstanden damit erklären, dass das Leben den Tod in sich hat, dass es Gewalt gibt, Zerstörung, die das Leben ganz durcheinander bringt. Trotz allem wenden wir uns wieder vertrauensvoll dem Leben zu, obwohl wir wissen, dass wir immer wieder einen Menschen verlieren können, dass es auch gewaltsame Tode immer wieder geben wird. Versöhnen ist etwas mehr, als den Verlust zu akzeptieren, beruht aber darauf. Versöhnen meint, trotz des Verlusts wieder Vertrauen in das Leben zu investieren, gemäß dem Vertrauen, das man zur Verfügung hat. Natürlich gibt es Menschen, die vertrauensvoller sind, andere sind weniger vertrauensvoll.

Wir trauern, wenn wir etwas verloren haben, das für uns einen Wert hatte. Überlassen wir uns den komplexen Gefühlen, die wir unter »Trauern« verstehen, dann verarbeiten wir den Verlust und lösen uns ab von dem, was wir verloren haben. Wir halten unsere Beziehung dazu in der Erinnerung präsent, das was durch die Beziehung in uns geworden und gewachsen ist, und lösen uns in dieser Weise ab von dem, was wir verloren haben. Wir erholen uns aber auch von der Verwirrung, in die uns der Verlust gestürzt hat. Das Trauern, die Verarbeitung der Trennung, muss man aus der Beziehung heraus verstehen. Die Beziehung ist immer etwas anderes und mehr als das Ich und das Du. Und dennoch wird man die Geschichte der zu Ende gegangenen Beziehung als eine Geschichte zwischen einem Ich und einem Du erzählen.

Man kann aus der Typik eines Trauerprozesses auch für das Trauern in einer Situation der Entzweiung Hinweise finden.

Ich beschreibe kurz den Trauerprozess beim Tod eines geliebten Menschen. Haben wir einen geliebten Menschen verloren[33], sind wir zunächst schockiert. Nach einer ersten Phase, in der man es gar nicht glauben kann, dass ein geliebter Mensch tot ist, auf diese unwiederbringliche Weise abwesend, erfassen uns in einer zweiten Phase verschiedene Emotionen: Wir grämen uns, wir ängstigen uns, sind wütend auf den Menschen, der uns verlassen hat, auch wenn wir natürlich wissen, dass nur selten jemand den Tod selber wählt. Wir sind aber auch wütend auf das Schicksal, das uns genommen hat, worauf wir Anspruch zu haben meinen. Wir leiden unter Schuldgefühl, haben Liebesgefühle, Sehnsucht – und wir weinen, wir klagen. Wir verstehen uns selbst nicht mehr, wir verstehen aber auch die Welt nicht mehr. Wir leiden unter einer Identitätskrise: Wer sind wir denn noch, wenn wir diesen Menschen, dem wir nahe waren, mit dem wir so viel geteilt haben, nicht mehr haben? Wir fühlen uns allein, getrennt, beraubt. Unser Selbstwertgefühl ist beeinträchtigt. Diese Gefühle der Trauer, wenn wir uns ihnen überlassen können, führen dazu, dass wir uns an das Leben mit diesem Menschen erinnern. Denn aufgehört hat ja das gemeinsame Leben. Die gemeinsame Geschichte wird erinnert, Episoden aus der gemeinsamen Geschichte werden erzählt, immer vor dem Hintergrund, dass es so nie mehr sein wird. Meist sind die Erzählungen zunächst idealisierend, später eher nüchtern und betonen auch das, was nicht aufgegangen ist in der Beziehung. Die Schwierigkeiten werden benannt, aber auch deutlich all das, was schön war, was gut war, vor allem aber auch das, was in uns geweckt worden ist, belebt worden ist, herausgeliebt worden ist. Dankbarkeit, Schuldgefühle, Scham, Reue, Lieblosigkeit – sind die emotionalen Begleiter dieser Erinnerungsarbeit. Was bleibt, sind die Erinnerungen, die man uns nicht nehmen kann: gelebtes Leben, gewachsenes Leben – Dankbarkeit und tiefes Bedauern über Versäumtes. Aus der Dankbarkeit wird die Freude, die Freude am Leben.

Träume von der Heilung, die am Wendepunkt eines Trauerprozesses stehen, drücken das aus.

Eine Frau (42), die ihren Mann durch einen Herzinfarkt überraschend verloren hatte, und die nicht nur den Verlust dieses sehr lieben Lebenspartners verkraften, sondern auch noch ökonomische Schwierigkeiten bewältigen musste, träumte:

»Ich bin in einer Frühlingslandschaft, die ersten Blumen sind da, hie und da gibt es noch Restchen von schmutzigem Schnee, überall ist Wasser, die Sonne scheint und ich fühle mich, als ob ich nach einer langen Krankheit zum ersten Mal wieder draußen wäre und die Schönheit des Frühlings sähe. Ich bedaure, dass Karl [ihr verstorbener Mann] das nicht mehr sehen kann, und ich freue mich, dass ich das alles noch sehen und erleben kann. Ich erwachte mit viel Energie und Freude – und dann fiel mir plötzlich ein, dass es ja Herbst ist. Aber in meiner Seele ist Frühling. Ein Gefühl, dass alles wieder wachsen kann, erfüllt mich. Im Traum war ich ganz einverstanden mit dem Leben, trotz des Todes. Im Wachen versuche ich dieses Gefühl zu halten.«

Man wird wieder ganz, obwohl ein Teil von uns weggerissen worden ist und man um den Verlust weiß. Aber man ist wieder deutlicher von Hoffnung ergriffen. Der Mensch ist ja so gebaut, dass er immer auf das Bessere hofft. Diese Hoffnung kann vorübergehend in den Hintergrund treten, aber sie ist immer da, solange wir leben.

Wenn wir hoffen, so denken, fühlen und handeln wir, als ob das, was jeweils ansteht zu bewältigen ist und zu einem guten Ende führen wird. Hoffnung ist die Emotion, die uns einem Licht zuwenden lässt, das noch nicht sichtbar ist. Aus dieser Hoffnung heraus ist auch immer wieder Versöhnung möglich.[34]

Wir sind versöhnt mit dem Leben, aber auch mit dem Menschen, der gestorben ist und der – in der Wahrnehmung des Trauernden – uns verlassen hat, ohne dass wir unser Einverständnis dazu gegeben haben.

Der Prozess des Trauerns kann auf den Prozess einer Kränkung, einer Beeinträchtigung, eines Verlusts von Geborgenheit, eines Verlusts von Vertrauen, kurz, auf alle jene Situationen, in denen wir einen Verlust erleiden, uns aber dennoch wieder versöhnen möchten, übertragen werden.

Die prosozialen Gefühle

Menschen können einander Wolf sein, sich gegenseitig dominieren, besiegen, zerfleischen wollen. Menschen können sich aber auch Freunde sein, freiwillig einander mit Wohlwollen begegnen, einander vertrauen, statt einander zu misstrauen. Menschen hassen nicht nur andere Menschen, sie lieben auch andere Menschen. Wir wollen nicht nur für uns etwas Gutes, sondern durchaus auch für Mitmenschen. Wir sind nicht nur egoistisch, wir sind auch altruistisch! Wir sind gern mit anderen Menschen zusammen, freuen uns mit ihnen, feiern mit ihnen. Wir leben ja nie nur aus uns selber, vieles, was wir sind, ist geweckt worden durch die Beziehung zu anderen Menschen. Wir sind von Grund auf auf Beziehung angelegt und auf Bindung. Diesem Bedürfnis nach einem Wir, das sich in den prosozialen Gefühlen auch zeigt, steht das Bedürfnis nach Individualität gegenüber, die wir gelegentlich auch mit harschen Mitteln verteidigen. Aber es wäre falsch, nur diesen Aspekt zu sehen. Je bewusster uns unsere prosozialen Gefühle sind, umso leichter fällt es uns, uns auch zu versöhnen.

Die Fähigkeit zur Empathie

Mc Cullough zeigt in einer Untersuchung,[35] dass Nähe und Empathie vor dem Konflikt hoch korreliert mit Verzeihen und Versöhnen nach dem Angriff. Das heißt, wer in einer Partnerschaft lebt, in der Nähe wichtig ist, und wer empathisch sein kann, kann im Konfliktfall leichter verzeihen und sich versöhnen.

Den anderen Menschen auch in einer uns bedrohlichen, unangenehmen Situation zu verstehen, ist eine Voraussetzung für das Verzeihen und für die Versöhnung.

Wie kann man einen anderen Menschen überhaupt verstehen? Theodor Lipps (1851–1914) formulierte eine Einfühlungstheorie. Mittels Einfühlung könne man Fremdseelisches verstehen. Dabei verstand er Einfühlung als ein inneres Mitmachen beim Erleben eines anderen Menschen, das sich in seinen Ausdrucksgebärden zeigt. Einfühlung setzt einen inneren Raum voraus und eine Wahrnehmung des anderen Menschen, aber auch die Übernahme seiner Gefühle. Wilhelm Dilthey (1833–1911) sieht Einfühlung als ein Nacherleben des Erlebens einer anderen Person, das auch das eigene Erleben verändert. Für ihn war die Einfühlung ein kreativer Prozess, so wird sie auch heute noch verstanden. Es gab im deutschen Sprachraum eine elaborierte Einfühlungstheorie, verbunden mit der Ausdruckspsychologie, die – wie vieles andere auch – nach dem Zweiten Weltkrieg in einer anderen Terminologie aus dem englischsprachigen Raum wieder zu uns zurückgekommen ist. So spricht man nicht mehr von Einfühlung, sondern von Empathie, und meint eigentlich doch dasselbe.

Empathisch zu sein heißt, den inneren Bezugsrahmen der anderen Person wahrzunehmen samt den damit verbundenen Emotionen. Man nimmt die Welt möglichst so wahr, wie der andere Mensch sie wahrnimmt, so, als ob man in die andere Person hineinschlüpfen könnte, allerdings ohne den eigenen Standpunkt dabei zu verlieren. Der Ausdruck der anderen Person ist dabei wichtig, aber ebenso ein emotionales Mitschwingen, das zwischen Menschen stattfindet, auch wenn es uns nicht bewusst ist. Zur Empathie gehört weiter, die eigenen Empfindungen angesichts dieser emotionalen und kognitiven fremden Welt wahrzunehmen und angemessen zu formulieren. Es ist eine teilweise Identifikation mit dem anderen, es ist ein emotionales Mitschwingen, eine partielle Gefühlsansteckung. Aber es ist ein verstehendes Einfühlen, ein Eintauchen in die Welt des anderen, ohne den eigenen Standpunkt aufzugeben; auch wenn man zum Beispiel die Angst des anderen Menschen spürt, weiß man, dass es seine oder ihre Angst ist. Empathie ist auch ein verstehendes Hineinhören in sich selbst.

Im therapeutischen Prozess wurde die Bedeutung von Empathie zunächst von Rogers[36] und von Kohut[37] beschrieben. Unterdessen ist es allgemein anerkannt, dass ein empathisches Klima für eine tiefenpsychologisch orientierte Behandlung, aber wohl auch für jede andere Behandlung, fundamental wichtig ist.[38] Im Bereich der Psychotherapie ist die Empathie vor allem wichtig, um den Patienten und Patientinnen zu ermöglichen, besser mit ihren Affekten umgehen zu können, und um ein von Wohlwollen getragenes Verständnis für sich selbst zu entwickeln. Empathie ist aber auch die Basis, um Aspekte des Erlebens, die aus Angst nicht ins Bewusstsein zugelassen werden können, zugänglich und damit auch bearbeitbar zu machen.

Aber Empathie ist nicht nur für die Psychotherapie wichtig, sie ist es auch für den alltäglichen Umgang der Menschen miteinander, für befriedigendere menschliche Beziehungen, für unser Umgehen mit Konflikten und für die Möglichkeit, zu verzeihen und sich wieder zu versöhnen.

Empathie setzt nicht nur voraus, dass wir uns einfühlen, sondern auch, dass wir uns auch wieder abgrenzen können, zwischen dem Ich und dem Du unterscheiden können. Sich »einsfühlen«, wie Scheler das nannte[39], besteht aus einer Gefühlsansteckung. Man wird von den Gefühlen des anderen Menschen überschwemmt und weggetragen. Das kann erlebt werden, wenn man sich von einem Menschen in Panik anstecken lässt und dann auch in Panik verfällt, ohne sich davon distanzieren zu können. In diesem Fall handelt es sich nicht mehr um Empathie, sondern um eine Gefühlsansteckung. Bischof[40] stellte bei ihren Untersuchungen mit Zweijährigen fest, dass die Qualität der Bindung einen Einfluss darauf hatte, ob Identifikation und Abgrenzung in einer guten Balance war. Kindern mit einer sicheren Bindung im Sinne von Mary Ainsworth gelang diese Balance.

Spiegelneuronen

Für die Fähigkeit sich einzufühlen gibt es auch eine neurobiologische Basis: die Spiegelneuronen. Darunter versteht man Nervenzellen, die ein bestimmtes Programm realisieren können, die aber auch aktiviert werden, wenn man beobachtet oder auf eine andere Weise miterlebt, wie ein anderes Individuum dieses Programm in die Tat umsetzt.[41]

William Hutchison gelang es, einzelne Nervenzellen des Gyrus cinguli zu identifizieren, die nur dann feuerten, wenn eine Testperson an einer bestimmten Fingerkuppe gestochen wurde. Nun stach sich der Versuchsleiter selber in die Fingerkuppe. Beim Patienten feuerten dieselben Nervenzellen, die beim eigenen Schmerz auch gefeuert hatten. Joachim Bauer schreibt: »Da der Gyrus cinguli das zentrale Emotionssystem des Gehirns darstellt, sind die Spiegelneuronen, die hier entdeckt worden waren, ... ein Nervenzellsystem für Mitgefühl und Empathie.«[42]

Die Fähigkeit zur Empathie hängt nach Bauer wesentlich davon ab, dass die Spiegelsysteme, die das Mitgefühl ermöglichen, durch zwischenmenschliche Erfahrungen »eingespielt« werden.[43]

Wer als Kind erlebt hat, dass man auf seine Gefühle eingeht, kann eine emotionale Resonanzfähigkeit entwickeln.

»Was wir bei anderen beobachten oder miterleben, ruft in uns korrespondierende Gedanken und Impulse wach. Ob wir sie als Vorstellungen in der Schwebe halten oder sie in uns selbst realisieren, können wir ... abwägen.«[44]

Nicht nur, in dem wir miteinander sprechen, können wir andere Menschen an unseren Gefühlen Anteil nehmen lassen. Es gibt einen gemeinsamen zwischenmenschlichen Bedeutungsraum, der es uns ermöglicht, einander intuitiv zu verstehen. Dieser Bedeutungsraum ist neurobiologisch gesehen das System der Spiegelneuronen.[45] In der Jung'schen Traumdeutung wird jede Gestalt des Traums als Aspekt des Träumers oder der Träumerin verstanden. Vom Menschenbild her heißt das, dass ein Mensch potenziell auch alle anderen Menschen

»in sich« haben kann. Wir sind auch alle anderen. Und auch das könnte ein Grund dafür sein, dass es sinnvoll ist, sich mit den anderen zu versöhnen.

Grenzen der Empathie

Wir können uns nur mit unseren eigenen Erfahrungen, die wir gemacht haben, einfühlen. Gelingt es uns nicht, gewisse eigene Emotionen wahrzunehmen und sie als Gefühle zu benennen, dann wird uns das auch bei einem anderen Menschen nicht gelingen. Um empathisch zu sein, ist es also wichtig, dass wir viele Erfahrungen machen, und diese auch immer einmal wieder bewusst wahrnehmen und ausdrücken.

Wir können aber auch, und das wäre dann die kognitive Empathie, die Perspektive eines anderen Menschen übernehmen, besonders dann, wenn uns sein Verhalten sehr fremd ist. Man denkt sich dann in den anderen Menschen hinein. Nicht die Emotion ist dabei leitend – allerdings begleitend –, sondern die Fähigkeit, ein inneres Modell zu haben von anderem Denken und Verhalten, das sich vom eigenen unterscheidet.

Was könnte zum Beispiel in einem Menschen vorgehen, der in einer bestimmten Situation, die bei mir Angst auslösen würde, wie etwa eine schwere Erkrankung, keine Reaktion der Angst zeigt? Wenn ich mich in diesen Menschen, der anders reagiert als ich, einfühle und mich in ihn hineinversetze, werde ich eine Theorie entwickeln, wie dieser Mensch innerlich »funktioniert«. Die Übernahme einer fremden Perspektive erfordert eine Trennung zwischen Ich und Du. Empathie ist nur möglich, wenn wir deutlich unterscheiden können zwischen dem Ich und dem Du, sonst haben wir es mit einer Gefühlsansteckung zu tun.

Empathie ist nicht einfach gut, sie ist wertneutral. Sehr oft wird Empathie unter prosozialem Verhalten beschrieben. Das ist einerseits auch richtig: Wir Menschen haben prosoziale Gefühle und die Empathie, das Einfühlen, spielt eine große Rolle im Zusammenhang mit den prosozialen Gefühlen. Wir lieben andere Menschen, wir möchten, dass es ihnen gut geht, auch aus eigenem Interesse, wir möchten mit anderen Menschen zusammen unser Leben verbessern, wir möchten andere Menschen fördern. Dazu braucht man Empathie. Ein empathisches Mitschwingen erlaubt es uns zu spüren, wo uns ein anderer Mensch in der aktuellen Situation braucht. Aber: Um einen Menschen quälen zu können, braucht man auch Empathie, denn man muss wissen, wie sich das eigene Verhalten auf den anderen Menschen auswirkt, wie er sich dann damit fühlt.

Empathie kann man lernen. Empathie, vor allem auch Empathie mit dem Angreifer oder der Angreiferin, führt dazu, dass man besser versteht, was vorgegangen ist und sich wohl auch erinnert, dass man selber auch einmal in derselben Situation gewesen ist und ähnlich schattenhaft gehandelt hat. Deshalb ist man auch leichter bereit zu verzeihen und sich auch zu versöhnen.

Verzeihen ohne zu beschämen

Die Gefahr zu beschämen, wenn man jemandem verzeiht, ist groß. Wer verzeihen kann, hat den Angriff, die Kränkung, die Demütigung verarbeitet. Wer verzeihen kann, hat verstanden, was sich ereignet hat, wie man aufeinander eingewirkt hat. Das Selbstwertgefühl konnte wieder ausbalanciert werden – möglicherweise dadurch, dass man sich klar gemacht hat, dass der Angriff unverhältnismäßig war. Oder dadurch, dass man sich klar macht, dass man auch noch andere, »bessere« Seiten hat, die gerade jetzt leider nicht zum Tragen gekommen sind. Vielleicht aber auch dadurch, dass man die Trauer über die kränkende, bedrohliche oder auch beschämende Situation zugelassen hat, man also in eine Veränderung eingewilligt hat, die zunächst als Verlust erlebt wird, aber als Veränderung auch eine verwandelnde Wirkung hat. Durch das Einwilligen in die Trauer über die Situation ist vielleicht auch Dankbarkeit erfahrbar geworden über das, was trotz allem bleibt, oder über das, was man zumindest bis zu diesem Zeitpunkt gehabt hat. Mit diesem nun wieder besseren Selbstwertgefühl ist es möglich, sich in den anderen Menschen einzufühlen, mit einer gewissen Schattenakzeptanz auch zu wissen, dass uns in einer vergleichbaren Situation Ähnliches geschehen könnte. Kommt vom Verursacher der Pein außerdem eine gewisse Einsicht, vielleicht gar Reue und die Bitte um Entschuldigung, auch ein Angebot für die Wiedergutmachung, ist Verzeihen nicht mehr schwierig.

Vielleicht musste der Mensch, dem ein Unrecht angetan worden ist, die Kränkung gar nicht so sehr verarbeiten, sondern er konnte es einfach gut sein lassen. Er konnte akzeptieren, dass es so etwas wie Kränkungen gibt, dass der Mensch, der gekränkt hat, auch andere, bessere Seiten hat. Es ist keine tiefer gehende Kränkung erfolgt und deshalb braucht es auch keine Verzeihung. Oder aber: Aus Liebe zum anderen Menschen kann man über die Kränkung hinweggehen. Das kann als sehr entlastend erlebt werden, es kann aber auch zusätzlich ärgern. Denn es ist nicht einmal gelungen, jemanden wirklich zu kränken – sogar jetzt noch hat man sich inferior zu fühlen.

Nicht immer also hat die erfahrene Verzeihung einen entlastenden Charakter. Wir bitten um Verzeihung, wir brauchen die Verzeihung. Um Verzeihung bitten zu müssen, ist für Menschen, die in keiner Weise abhängig sein wollen, bereits schwierig. Der Verzeihende ist der Gebende. Und wenn es nicht selbstverständlich ist zwischen Menschen, dass einmal der eine, einmal die andere der Verzeihung bedarf, so kann leicht die Idee aufkommen, dass ein gebender Mensch großzügig und wohlwollend aus seinem Reichtum und seiner Barmherzigkeit heraus nicht weiter aufrechnen muss. Und das ist ja eigentlich auch richtig so. Verzeihen können wir aus einem Gefühl des wieder erwachten Wohlwollens heraus. Wird uns verziehen, sind wir in der Position des Empfangenden – wir bekommen etwas. Doch nicht alle Menschen können etwas annehmen.

Aber auch der verzeihende Mensch kann die Verzeihung von »oben herab« geben, nicht als einer, der auch immer einmal Verzeihung braucht, sondern als jemand, der sie gnädigerweise gibt und dabei zu verstehen gibt, dass der andere ein Empfänger einer Wohltat ist, ein Bittsteller, einer, dem man immer wieder etwas zukommen lassen muss. Der Verzeihende gibt sich dann als wohlwollend, aber als Mensch ohne Schatten. Der, der die Verzeihung braucht, wird dadurch aber in den Schatten hineingestoßen und schämt sich oder reagiert mit Neid. Neue Rachegefühle können dadurch aufkommen oder eine depressive Verstimmung. Das Selbstwertgefühl ist wiederum beeinträchtigt, der Kreis der Verletzung dreht sich weiter. Noch schlimmer ist es, wenn zwar Verzeihung angeboten, aber gleichzeitig Unterwerfung gefordert wird.

Damit eine Verzeihung nicht in eine neue Beschämung mündet, muss sie auf gleicher Augenhöhe erfolgen, aus dem Wissen heraus, dass jeder und jede immer einmal Verzeihung braucht, dass wir alle immer wieder in Gefahr sind, unserem Schatten zu erliegen. Ebenso wichtig ist aber auch zu wissen, dass auch unsere Fähigkeit zu verzeihen, immer wieder gefragt sein wird, solange wir mit Menschen zusammen leben. Und dann spüren wir auch: Wenn wir einem Menschen verzeihen, schenken wir nicht nur ihm etwas, das Verzeihen wie dann auch das Versöhnen, es ist auch eine Gabe an uns selbst.

Der Entschluss, sich zu versöhnen und wieder gutzumachen

Mc Cullough und andere haben festgestellt, dass die Menschen mit einer größeren Fähigkeit zur Empathie auch höhere Werte erreichten bei Fragebogen, die den Altruismus ermittelten.[46] Wer mehr Empathie entwickelt hatte – in Workshops zur Entwicklung von Empathie –, war auch bereiter zu Kooperation, war altruistischer, hemmte die eigene Aggressivität mehr und war grundsätzlich versöhnlicher.

Auch wenn Empathie nicht notwendigerweise dazu führt, dass man konstruktiv handelt, ist sie dennoch eine ganz wesentliche Voraussetzung dafür, dass man sich überhaupt entscheiden kann, ob man konstruktiv oder destruktiv handeln will. Das heißt aber auch, dass Empathie allein nicht genügt: Es braucht auch noch einen Entschluss zur Versöhnung. Dabei darf nicht außer Acht gelassen werden, dass Nähe und Empathie vor dem Konflikt hoch korreliert mit Verzeihen und Versöhnen nach dem Angriff. Wahrscheinlich ist es die Beziehungskomponente, die letztlich dazu führt, dass wir uns zur Versöhnung entschließen. Aber es braucht auch einen Entschluss zur Versöhnung: Wir müssen davon überzeugt sein, dass es sich versöhnt besser leben lässt, dass mehr Freude, mehr Geborgenheit im Leben zu spüren ist, dass man nur versöhnt miteinander Leben gestalten kann, da man sonst Gefahr läuft, sehr viel Energie in Konflikten zu verbrauchen. Versöhnung ereignet sich nicht einfach, man muss sie anbieten. Wir können einem anderen Menschen mit einer Entschuldigung, mit Zeichen der Reue darüber, was wir ihm angetan haben, die Versöhnung anbieten. Es ist dabei wichtig, dass wir unsere Gefühle zum Ausdruck, aber auch zur Sprache bringen, dass wir wissen, dass wir die Gefühle des anderen Menschen verletzt haben. Der Wunsch nach einer neuen Beziehungschance muss deutlich formuliert werden.

Es braucht darüber hinaus auch ein Angebot der Wiedergutmachung, besonders, wenn ein Beteiligter deutlich mehr Anteil hat am Konflikt. Man hat eine Pflicht zur Wiedergutmachung, damit anerkennt man auch sehr konkret, dass man etwas falsch gemacht hat. Man hat auch ein Recht darauf, dass die Wiedergutmachung angenommen wird. Damit ist man aus der Position des Übeltäters oder der Übeltäterin entlassen. Es ist wieder eine gewisse Gerechtigkeit hergestellt.

Jakob hat Esau mit Hilfe seiner Mutter um den Segen des Vaters gebracht.[47] Esau ist empört und trachtet seinem Bruder nach dem Leben. Dieser flieht zu seinen Verwandten in Haran. Dort arbeitet er bei seinem Onkel Laban und gewinnt seine beiden Frauen. Mit diesen Frauen hat er viele Kinder, sein Vieh vermehrt sich – der Segen tut seine Wirkung. Er will wieder nach Kanaan zurückkehren, aber er hat eine berechtigte Angst vor Esaus Reaktion. Er lässt ihm Vieh entgegentreiben, um ihn zu besänftigen. Aber »Esau lief ihm entgegen und umarmte ihn, fiel ihm um den Hals und küsste ihn, und sie weinten beide.«[48] Auf die Frage, was denn diese Viehherden zu bedeuten hätten, die er ihm entgegentreiben ließ, sagt Jakob, er wolle damit die Gunst von Esau gewinnen. Dieser aber entgegnet – und das ist einer der schönsten Aussprüche wider den Neid:

»Ich habe Besitz genug, lieber Bruder; behalte, was dir gehört.«[49] Jakob aber nötigt Esau mit Bitten, dieses Geschenk doch anzunehmen, bis dieser es schließlich tut. Jakob hat guten Grund, etwas wieder gutzumachen.

Beeindruckend ist bei dieser Geschichte, wie sehr er seinen Bruder drängt, die Gabe der Wiedergutmachung auch anzunehmen. Erst dann kann er sich sicher fühlen, erst dann ist die Versöhnung wirklich besiegelt.

Nicht selten ist die Versöhnung auch in privaten Beziehungen mit der Übergabe eines Geschenks – oder mit einem kleinen Fest – verbunden. Es wird manchmal als störend erlebt, dass psychische Qualen mit einem materiellen Geschenk wieder gutgemacht werden sollen. Mir scheint, es geht in solch einem Fall nicht darum, dass ein Wert gegen den anderen aufgewertet wird: Es geht um die Frage, was der andere braucht, damit die Waage der Ungerechtigkeit wieder ausbalanciert wird. Das kann natürlich über Beziehungsangebote gelöst werden, und das wird es auch meistens, aber eine zusätzliche Geste der Wiedergutmachung, die auch sichtbar ist, scheint mir die Versöhnung noch wahrnehmbarer, konkreter zu machen.

Die Versöhnung kann sich natürlich auch darin zeigen, dass man einfach wieder zum Alltagsgeschäft übergeht. Die Versöhnung ist ein Bekenntnis zur erneuten Gemeinsamkeit. In der Beziehung ist ein Problem aufgetaucht, das zum Zerwürfnis geführt hat, das aber, wenn es wirklich angesehen wird, eine Entwicklungsmöglichkeit innerhalb der Beziehung zeigt und auch anmahnt. Damit gibt es eine Klippe weniger in der Beziehung. Die Versöhnung indessen zeigt uns, dass uns das Miteinander immer noch wichtiger ist als Recht zu behalten. Man hat wiederum eine Brücke über dem Abgrund gebaut.

Das Festhalten am Ressentiment – die Selbstvergiftung

Die Unversöhnlichen

An den unversöhnlichen Menschen und an den Situationen, in denen wir unversöhnlich sind, werden wir sehen, was auch bei versöhnlicheren Menschen gegen die Versöhnung stehen kann.

Das Ressentiment, von Scheler eingehend beschrieben[50], sagt als Wort mehr aus als die Bezeichnung »Groll«, die sich mehr eingebürgert hat. Was meint Scheler mit Ressentiment?

Ressentiment ist abgeleitet von re-sentir, immer wieder fühlen. Es geht um ein wiederholtes Durch- und Nacherleben einer bestimmten emotionalen Interaktion. Immer wieder fällt einem ein, wie man ungerecht behandelt worden ist, wie man keine Möglichkeit hatte, sich erfolgreich dagegen zu wehren. Diese emotional betonten Situationen fallen einem aber nicht nur ein, man sucht sie geradezu auf. Immer dasselbe Muster brennt sich ein – Scheler sprach von der »Einsenkung in die Persönlichkeit« – und kann dabei immer weniger emotional ausgedrückt und dadurch immer weniger bearbeitet werden. Es wird nachgefühlt, wieder gefühlt – aber es geschieht nichts. Das Wiedererleben wird zunehmend automatisiert und entleert von differenzierten Emotionen.

Eine Atmosphäre der Feindseligkeit legt sich über alles. Es ist ein automatisiertes Zürnen, das vom Ich unabhängig ist, also auch nicht mehr reflektiert und nicht mehr kontrolliert wird. Hassausbrüche, Hassfantasien und eine feindselige Haltung ganz allgemein sind die Folge. Es entstehen aber keine feindseligen Handlungen, im Gegenteil: Die Ohnmacht des Handelns, die zu einer Entwicklung des Ressentiments führt, wird deutlich sichtbar.[51] Das heißt, diese Menschen haben eine Einbuße an Selbstwirksamkeit, ein wichtiger Aspekt des

Selbstwertgefühls, und entwickeln auch deshalb ein Ressentiment.

Scheler spricht vom Ressentiment als seelischer Selbstvergiftung. Seiner Ansicht nach entsteht das Ressentiment durch das Zurückdrängen von gewissen Affekten, wie Rachegefühlen, Hass, Bosheit, Neid oder Häme. Diese Affekte entsprechen normalen menschlichen Erfahrungen, die einen Ausdruck verlangen. Um diese Gefühle aber zuzulassen und sie nicht überhand nehmen zu lassen, braucht es ein hinreichend gutes Selbstwertgefühl und eine beachtliche Schattenakzeptanz.

Am wichtigsten für das Entstehen des Ressentiments ist für Scheler der Umgang mit der Rachsucht. Das Ausüben der Rache ermöglicht es, das verletzte Selbstwertgefühl wiederherzustellen. Je weniger das nun erlaubt ist, je mehr auch der »innerseelische Fantasieausdruck« zurückgedrängt wird, umso eher wird ein Mensch ein Ressentiment entwickeln. Diese Idee von Scheler ist sehr interessant. Die Gefühle der Rache spielen eine große Rolle im Zusammenhang mit Ärger und ärgerbedingter Aggression; sie werden sichtbar in den Ärgerfantasien, die sich zwischen Ärger und Aggression ereignen. Die Fantasien der Rache, wie oben schon entwickelt, lösen die Überzeugung aus, man könnte selbstwirksam sein, wenn man nur wollte, man könnte machtvoll und wirkungsvoll reagieren, wenn man wollte. Und falls man die Rachefantasien nicht in die Realität umsetzt, kann man sich als einen »guten«, ethisch hoch stehenden Menschen wahrnehmen, der sich eben nicht rächen muss, obwohl er es könnte, und diese Überzeugung stützt wiederum das gute Selbstwertgefühl. Es sind nicht so sehr die Fantasien der Rache, die verdrängt werden, wie Scheler glaubt, sondern diese Fantasien lösen nicht die Erfahrung der Selbstwirksamkeit aus. Und in der Folge sind alle Gefühle überdeckt von Hass und ohnmächtigen Rachebedürfnissen.

Ressentiment tiefenpsychologisch betrachtet

Was steckt, tiefenpsychologisch betrachtet, hinter dem Ressentiment? Im Jung'schen Sinn wird unser bewusstes Handeln dann durch einen Komplex bestimmt, wenn uns eine emotional schwierige Situation nicht aus dem Sinn geht, uns zudem keine sinnvolle, angemessene Reaktion einfällt, sondern immer nur ein stereotypes Verhalten, das uns immer zuerst bei allen Schwierigkeiten einfällt. Dabei drehen sich all unsere Überlegungen und Bilder im Kreise, und wir erleben zudem noch, dass immer mehr Lebensbereiche von dieser unerfreulichen Situation eingeholt werden. Wir verstehen uns immer mehr als ein Opfer der Umstände.

Wir müssten also eine Komplexepisode finden, um an dieser Situation, die zu einem Ressentiment führt, arbeiten zu können und die Selbstvergiftung in eine Selbstentwicklung überführen zu können.

Komplexe und Komplexepisoden

Das Konzept der Komplexe[52] von C. G. Jung ist eine Theorie des Konflikts, gleichzeitig aber auch eine Theorie der Entwicklung. Komplexe sind verinnerlichte, generalisierte konflikthafte Beziehungserfahrungen, emotional betont, mit einem bestimmten Beziehungsthema. Sie sind mehr oder weniger verdrängt. Wird die Emotion oder das Thema des Komplexes im Alltag berührt, konstelliert sich der Komplex: Der Mensch reagiert emotional über oder reagiert überhaupt nicht. Die Wahrnehmung der Welt geschieht im Sinne des Komplexes. (»Alle behandeln mich von oben herab…«) Das Verhalten ist unfrei, durch den Komplex determiniert, man reagiert »wie immer«, auch wenn es nicht angemessen ist.

Nach Jung kann sich jedes affektgeladene Ereignis zu einem Komplex verdichten, verbindet sich also mit ähnlichen Lebenserfahrungen, und wird mehr oder weniger verdrängt. Werden die Themen oder die Emotionen, die mit dem Komplex verbunden sind, angesprochen, dann wird das Gesamte der unbewussten Verknüpfungen aktiviert – in der Jung'schen Psychologie wird dafür der Ausdruck »konstelliert« verwendet – samt der dazu gehörenden Emotion aus der ganzen Lebensgeschichte und den daraus resultierenden, stereotyp ablaufenden Abwehrstrategien. Je größer die Emotion und das dazugehörige Assoziationsfeld an Erfahrungen ist, desto »stärker« ist der Komplex, desto mehr werden andere psychische Anteile, insbesondere auch der Ichkomplex, in den Hintergrund gedrängt. Man kann die Emotionen in dieser Situation nicht mehr kontrollieren, man kann nicht ruhig über eine Situation nachdenken, man hat einen Emotionsdurchbruch.

Die Komplexe bezeichnen die krisenanfälligen Stellen im Individuum. Sie bewirken einerseits eine Hemmung des Lebens: Dadurch, dass der Mensch emotional in stereotyper Weise überreagiert, nicht der aktuellen Situation angemessen, sondern mit einem lebensgeschichtlichen Überhang, ist er unfrei in seinem Erleben und Verhalten. Durch die Abwehr dieser Emotion entstehen stereotype Verhaltens- und Erlebensweisen. In den Komplexen liegen aber auf der anderen Seite auch »Keime neuer Lebensmöglichkeiten«.[53] Als Energiezentren machen sie die Aktivität des psychischen Lebens aus.

Komplexe zu haben ist für Jung eine »normale Lebenserscheinung«[54], sie sind die »lebendigen Einheiten der unbewussten Psyche«[55]. Das heißt: In den Komplexen drücken sich Hemmungsthemen aus, die in der Sicht von C. G. Jung auch Entwicklungsthemen sind.

Wie entstehen Komplexe?

In einem Vortrag von 1928 sagt Jung: »Er [der Komplex] geht offenbar hervor aus dem Zusammenstoß einer Anpassungsforderung mit der besonderen und hinsichtlich der Forderung ungeeigneten Beschaffenheit des Individuums.«[56] Mit dieser Definition wird der Beziehungsaspekt bei der Entstehung des Komplexes ins Zentrum gerückt. Die Anpassungsforderung geht wohl in der Regel immer von Menschen aus. Das heißt also, dass in unseren Komplexen strukturell und emotional die Beziehungsgeschichten unserer Kindheit und unseres späteren Lebens abgebildet sind. Komplexe können entstehen, solange der Mensch lebt. Die meisten Komplexe, auch die, die später entwickelt werden, assoziieren sich allerdings früheren Komplexen. Daher stehen sich in dieser Sicht des Zusammenstoßes zwei Menschen gegenüber: ein Kind und eine Beziehungsperson. Ich nenne das die beiden Pole des Komplexes: der Kindpol und der Erwachsenenpol, meistens der Vaterpol, der Mutterpol oder der Geschwisterpol.

Komplexepisoden

Komplexe entstehen selten aus einer einzigen traumatischen Situation. Sie stellen wirklich so etwas wie eine generalisierte Erwartung dar, die zeigt, dass komplexhaftes Erleben und Verhalten daraus resultiert, dass sich immer wieder ähnliche Interaktionen zwischen den Beziehungspersonen und dem Kind ereignen. Auch wenn es wichtig und möglich ist, Komplexepisoden zu erinnern – etwa das Bild eines streng blickenden Vaters, der übergroß über einem verschwindend kleinen Buben thront, der am liebsten in den Boden versinken möchte und mit zugeschnürter Kehle aus Angst keinen Ton herausbringt –, ist es nicht gesagt, dass diese Episode als solche erlebt worden ist. Sie bleibt aber als Bild des Komplexes aussagekräftig, als Bild einer generalisierten Episode – verbunden mit einer als evident erlebten, damit zusammenhängenden Emotion. Dieser Aspekt ist besonders wichtig, weil gelegentlich ganz eindimensional aus den Bildern der Komplexe auf das konkrete Wesen und die Präsenz der konkreten Eltern zurückgeschlossen wird, das Fantasiebild also mit dem Realbild der Person gleichgesetzt wird. Natürlich haben diese Episoden etwas mit der realen Präsenz der Eltern zu tun, die sich in der Interaktion ausdrückt, sie sind aber nicht einfach deckungsgleich zu behandeln.[57]

Arbeiten wir an komplexhaften Lebensthemen, dann ist es nicht notwendig auf die prägende Situation zurückzugreifen, was oft gar nicht möglich ist, da diese sich bereits in der vorsprachlichen Zeit ereignet hat. Es genügt, wenn eine Episode erlebt wird, die auf den Komplex hinweist. Möglicherweise wird zum Beispiel durch einen konstellierten Komplex, etwa durch eine durch den Komplex geprägte Beziehungssituation in der Therapie, eine Situation aus der Kindheit erinnert, die sich »gleich« anfühlt. Damit kann gearbeitet werden. Das Suchen nach der frühesten Situation ist nicht notwendig, denn jede Komplexsituation hat die generalisierte Episode in sich mit den damit verbundenen Wahrnehmungen und Empfindungen und vor allem mit den damit verbundenen Affekten. Wir wissen letztlich nicht, wann die Komplexprägungen erfolgt sind, und einige sind bestimmt schon zu einer Zeit erfolgt, als das Kind das noch nicht verbalisieren konnte. Die »Urfassung« ist nicht zu finden – aber es braucht auch keine Urfassung, sondern eine Komplexsituation, die lebhaft erinnert und erzählt werden kann.

Therapeutische Überlegungen zu Komplexepisoden

Der Komplex zeigt sich in Situationen, die wir als Schlüsselsituationen für das Verständnis unseres Lebens und unserer Persönlichkeit erleben, in typischen Beziehungskonflikten, die sich im Alltag oder in der therapeutischen Situation zeigen können, aber auch in Träumen und Imaginationen. Insbesondere die beiden Pole des Komplexes können gesehen werden. Einer der Pole, der Erwachsenenpol, ist dabei meistens projiziert. Dadurch, dass diese Schlüsselsituationen als Episode möglichst lebendig erzählt werden, lassen sich Rückschlüsse ziehen. Einmal auf das Erleben des Kindes, was hilft, sich in die Situation des Kindes zurückzuversetzen und die Schwierigkeiten und Leiden der Prägesituation zu verstehen. Zum anderen lassen sich auch Rückschlüsse ziehen auf das Erleben

und das Verhalten der Beziehungsperson in der Prägesituation, mit der man sich als Erwachsener zumindest in Situationen, in denen der Komplex konstelliert ist, auch identifiziert[58]
und deren Part man als Erwachsener natürlich auch spielt.
Sich über diese Identifikation bewusst zu werden und dafür
Verantwortung zu übernehmen, ist außerordentlich schwierig,
aber eine notwendige Voraussetzung dafür, dass sich komplexhaftes Verhalten und damit auch die Komplexe verändern
können.

Aus diesen Schlüsselepisoden lassen sich auch Rückschlüsse ziehen auf Interaktionsform im Komplexbereich, samt den
damit verbundenen ambivalenten Gefühlen. Gelingt es, in
symbolischen Abbildungen die komplexsetzenden Zusam-
menstöße zu sehen und zu erleben, werden immer mehr Episoden erinnert, die zur Bildung eines Komplexes und zur Über-
tragung des komplexhaften Verhaltens auf andere Menschen
als die ursprünglichen Beziehungspersonen geführt haben.

Erzählungen von schwierigen Erfahrungen, die unser Leben geprägt haben, werden einem anderen Menschen möglichst lebendig erzählt. Erzählen und Zuhören bilden eine
Einheit, und je besser zugehört wird, desto besser kann auch
erzählt werden. Beim Erzählen sind wir in einer Vorstellungs-
welt, in der Welt der Imagination, der Fantasien; einem psychischen Bereich, wo Außenwelt und Innenwelt zusammen-
kommen – in einem Übergangsraum, den man zudem noch
miteinander teilt, in einem Raum, in dem sich Veränderungen
von Bildern und deren Versprachlichung ereignen können.

Die Assoziation ermöglicht oft den Zugang zu einem
Komplexthema, die Erzählungen zum Komplex als schwieriger oder traumatisierender Beziehungsepisode ermöglicht
die Arbeit am Komplex. Es genügt nicht, Informationen über
schwierige Beziehungserfahrungen zu bekommen, wir brauchen Geschichten. Die Menschen müssen sich imaginativ
zurückversetzen in die Erfahrungen, die sie gemacht haben,
und sie möglichst emotional erzählen, und zwar jetzt als Erwachsene. Dann entsteht eine Erfahrung, mit der man arbeiten kann, dann entstehen Bilder, die sich verändern können.

Das ist insbesondere auch deshalb möglich, weil die Menschen diese Beziehungserfahrungen als Erwachsene beschreiben und weil man ihnen hilft, diese Erfahrungen zu reflektieren, ihnen einen Standpunkt von außen ermöglicht. Erzählen wir nur immer unsere Leiden, ohne dass eine Veränderung möglich ist, dann werden diese Komplexerfahrungen noch weiter verfestigt, als sie es schon sind, vielleicht auch neuronal festgeschrieben.

Komplexepisoden führen nicht notwendigerweise zu einem Ressentiment, aber sie können zu einem unterschiedlich starken Ressentiment führen. Ob es zu einem Ressentiment kommt, hängt von der übrigen Komplexstruktur ab, vom habituellen Selbstwertgefühl, von der Möglichkeit, auch gute Erfahrungen wahrzunehmen, und von der konkreten Lebenssituation der Betreffenden.

»Mein schwacher Punkt«

Es geht bei diesem Beispiel, das wir bereits vorne im Kontext einer alltäglichen Ärgersituation betrachtet haben, um eine alltägliche Komplexepisode, die nicht zu einem Ressentiment führte.

Ein Paar, beide um die 40, seit 15 Jahren miteinander lebend, sprechen über die Verteilung von Aufgaben im Haushalt. Die Frau, Carla, stellt fest, dass sie plötzlich missmutig ist, eigentlich »gehen« will. Sie nimmt ihr Gefühl als »leisen Ärger« wahr. Was ist geschehen? In einem an sich sachlichen Gespräch hatte ihr Partner ihr noch eine zusätzliche Verpflichtung im gemeinsamen Haushalt angedient mit der Bemerkung: »Dein Stundenlohn ist eh niedriger als meiner.« Er meinte damit, sie würden weniger Geld verlieren, wenn er seiner Lohnarbeit während dieser Zeit nachgehe, in der sie diese nicht bezahlte Arbeit erledige. Sie hörte: »Meine Arbeit ist eh mehr wert als deine.« Sie ärgert sich. »Es ist zum Davonlaufen!«, sagt sie sich innerlich – aber sie läuft nicht davon.

Sie weiß, es ist ein wichtiges Thema in ihrem Leben, dass

sie ihre durchaus auch sehr gut bezahlte Arbeit aufgegeben hat und dass sie bei diesem Thema empfindlich ist. Dennoch: Sie fühlt sich abgewertet, und sie muss darüber sprechen, sonst ist sie sauer und ihre Stimmung wird die an sich gute Atmosphäre verderben. Sie entscheidet sich dafür, ihn zu fragen, mit leicht aggressivem Unterton: »Wolltest du mich provozieren?« Er versteht nicht, und sie kann ihm erklären, wie sie die Bemerkung gehört hat, und dass sie ja weiß, dass das ihre schwache Stelle ist.

Warum ist es eine schwache Stelle? Kann Carla sich an eine Situation in ihrer Kindheit erinnern, in der sie sich als weniger wert als die anderen empfunden hat, oder gar als unwert.

Es gibt viele solcher Episoden. Sie erinnert sich besonders gut an eine Situation, als sie bereits zwölf Jahre alt war. Es ging um den Schulübertritt ins Gymnasium, der ihr von ihren Lehrern empfohlen wurde. Darüber musste sie mit ihrem Vater sprechen. Vor diesem Gespräch hatte sie große Angst, sie nahm aber allen Mut zusammen und sprach mit dem Vater. Dieser reagierte mit einem Wutausbruch. Sie erinnert sich: Er tobte, fluchte, sagte, was mir eigentlich einfalle, ich sei doch größenwahnsinnig. Niemand aus der Familie sei ins Gymnasium gegangen. Die Söhne, das hätte ja noch Sinn gehabt. Aber sie, ein hochmütiges Mädchen, das sowieso heiraten werde. Alles Geld, das er in ihre Ausbildung stecken würde, könnte er genau sogut in den Bach werfen… Carla fühlte sich beschämt und wütend. Sie ist nichts wert, sie ist ihrem Vater nichts wert. Sie ist ein Mädchen und die sind offenbar alle nichts wert in den Augen des Vaters. Sie ärgerte sich, war empört, hilflos. Als Mädchen hatte sie keine unmittelbare Möglichkeit der Rache, aber sie schwor sich: »Warte nur, Vater, bis ich groß bin. Ich werde dir zeigen, was Mädchen alles können.« Sie hat sich auch ohne Abitur an einer sehr guten Stelle bewährt. Diese Stelle hat sie aufgegeben, nachdem sie die Kinder geboren hatte.

Wenn nun ihr Mann ihr sachlich richtig sagt, »dein Stundenlohn ist eh niedriger als meiner«, dann wird ihre Komplexepisode reaktiviert, ihr »schwacher Punkt«, wie sie sagt, ihre Überempfindlichkeit. Die Scham und die Wut, die sie als Mädchen empfunden hat, werden wieder geweckt. Wahrscheinlich auch die damit verbundene Ohnmacht. Sie lebt in einer Beziehung, in der der Partner mit dieser Empfindlichkeit umgehen kann. Beide verstehen, dass Carla den Vater dieser Komplexepisode leicht auf ihren Mann projiziert und sie dann zum kleinen Mädchen wird. Sie bleibt aber nicht identifiziert mit dem Mädchen, das ein Opfer des Vaters war, sie bleibt nicht in der Opferposition. Sie identifiziert sich aber auch nicht mit dem Vater dieser Komplexepisode, sie entwertet sich nicht weiter, entwertet auch ihren Mann nicht weiter, sobald sie erkannt hat, dass hier ein altes Beziehungsmuster wieder reaktiviert wird. Das Problem kann also von beiden angegangen werden. Carla muss sich nicht rächen, sie entwickelt kein Ressentiment, die beiden können sich versöhnen.

Sie versteht seine Reaktion, er versteht ihre Reaktion. Beide zeigen Reue und sagen: »Wie dumm von uns, wir mögen uns doch!« Die beiden sind in einen Dialog getreten über die Frage, was in Verantwortung genommen werden muss. Sie finden in der konkreten Frage einen Kompromiss, auf der emotionalen Ebene finden sie wieder zu einem »Wir«-Gefühl und damit zur Überzeugung, dass sie sich trotz Konflikten auch immer wieder »finden« können und dass ihnen das für ihr Selbstverständnis als Paar auch zentral wichtig ist.

Die Entwicklung des Ressentiments aus der Komplexepisode

Karl hat in seinem Leben schwierige Erfahrungen gemacht, die sein Leben noch immer bestimmen und die ihn unversöhnlich machen.

Sein Vater zeigte sich immer wieder enttäuscht von ihm. Auf eine Erinnerung angesprochen, die diese Erfahrung zeigen könnte, sagt er:

»Ich war vielleicht sechs. Es war kurz bevor ich in die

Schule kam. Ich erzählte eine Geschichte, verhaspelte mich dabei, weil ich meinem Vater gefallen wollte, und der Vater sagte sehr ärgerlich: Schweig! Geh mir aus den Augen! Aus dir wird nie etwas Rechtes. Er wandte sich demonstrativ meiner Schwester zu und bat diese, ihm etwas zu erzählen. Ich hasste meine Schwester und den Vater, ich war sehr wütend, aber auch hilflos. Der Vater verachtete mich. Er scheuchte mich mit den Händen weg, wie man eine lästige Fliege verscheucht.« Erfahrungen dieser Art machte Karl immer wieder – nicht nur mit seinem Vater, sondern auch mit seinem Lehrer.

Karl erinnert sich auch daran, wie man ihn auf einer Klassenfahrt – da war er etwa zehn – »vergessen« hatte. Was war geschehen? Karl erzählt:

»Wir haben mit der Klasse eine Höhle besucht – da gab es gute Versteckmöglichkeiten. Ich habe mich gut versteckt und erwartete, dass man mich suchen würde. Aber man hat mich nicht gesucht. Ich bekam es mit der Angst zu tun, es wurde Nachmittag, dunkler, vielleicht kam auch ein Gewitter, das weiß ich nicht mehr genau, nur dass es dunkel wurde und ich gar nicht wusste, wie ich nach Hause kommen sollte. Jemand rief mich dann. Es war ein unbekannter Mann. Er war ungehalten: Ich sei ein ›blöder Latschi‹ (ein Dummkopf), die Klasse sei schon auf dem Bahnhof. Er trieb mich an, irgendwie kam ich dann noch rechtzeitig zum Zug, bekam aber nichts zu trinken. Der Lehrer schalt mich auch, die Mitschüler sagten schnippisch ›Immer der!‹ und zu Hause, als der Vater hörte, was geschehen war, bezeichnete er mich als ›Oberidiot‹. Niemand wollte etwas von meiner Angst wissen, niemand freute sich, dass ich wieder zum Vorschein gekommen war. Alle fanden, ich sei selber schuld.«

Karl versuchte offenbar seine Mitschüler und Mitschülerinnen, wohl auch den Lehrer, dazu zu bringen, ihn zu suchen. Damit hätten sie ihm auch bewiesen, dass es ihn gibt und dass er seinen Platz hat in der Klasse. Er wird aber vergessen – niemand vermisst ihn. Es gibt ihn schon fast nicht mehr. Diese Erfahrung ist gespiegelt in der Angst des Buben, in seiner Wahrnehmung, dass es dunkel oder gewittrig wird, eine

Wahrnehmung, die er selber im Nachhinein als unrealistisch einschätzt. Psychologisch wurde es aber auf jeden Fall dunkel und gewittrig. Immerhin – man hatte ihn nicht ganz vergessen: Man schickte jemanden los, ihn zu suchen, und man hatte auch eine Idee, wo man ihn verloren haben könnte. Diesen Aspekt sieht Karl natürlich nicht. Die Erfahrung stimmt mit seinen schlimmsten Beziehungserfahrungen überein: Er wird vergessen, nicht bedauert, alles ist sein Fehler, immer wieder wird ihm eingeredet, er sei eigentlich blöd.

Karl hat im Laufe seiner Kindheit und später viele solcher herabsetzenden, beschämenden Erfahrungen gemacht. Er weiß sehr gut, mit wem er solche Erfahrungen gemacht hat und noch macht. Er vergisst nicht. Er vergisst nichts.

Er hat diese Erfahrung aber auch generalisiert: »Alle Menschen verachten mich« – und er, im Gegenzug, »hasst alle Menschen«. Denen wird er es dann schon noch zeigen.

Er vergisst nicht nur nichts, er stellt sich auch die Zukunft im Lichte dieser dominierenden Komplexepisode vor: Er wird immer beschämt werden, es werden ihm immer andere Menschen vorgezogen werden, auf ihn hat man es abgesehen. »Aber die sollen nur warten, bis ich wirklich ausraste. Denen werde ich es zeigen.« Er ärgert sich ständig darüber, dass die Mitmenschen ihn vermeintlich verachten. Und weil er erwartet, dass sie ihn verachten, und weil er eine Atmosphäre von Hass und Missgunst verbreitet, haben sie die Tendenz, ihn zu meiden.

In der Therapie gelingt es ihm nicht, Ärgerfantasien zu gestalten, er hat zu viel Angst. Was er denn den Menschen einmal zeigen will, ist nicht herauszufinden – klar ist nur, dass er es denen zeigen wird. Rachefantasien adoptiert er von den Selbstmordattentätern – wie die würde er es vielleicht machen. Aber die Vorstellungen bleiben vage. Er kann sich nicht rächen – er konnte sich nie rächen – er hätte sowieso keinen Erfolg gehabt. Er bleibt identifiziert mit dem Opfer, immer wieder wird dieselbe Komplexepisode reaktiviert, immer wieder fühlt er sie nach. Er hat ein tiefes Ressentiment, verbunden mit großem Hass. Hass aus Frustration, weil es ihm nicht gelang und nicht gelingt ,mit seiner Wut seine Lebenssituation zu verändern und sie damit auch auszuräumen. Hass vielleicht auch als Abwehr von Scham. Lieber hassen, als sich schämen. Seine Neidgefühle bleiben ihm auch erhalten, sie sind ein integraler Aspekt seines Ressentiments. Sein tiefer Neid seiner Schwester gegenüber zeigt sich, wenn er in einer unendlich gering schätzenden, hämischen, hassenden Weise von ihr spricht. Noch immer ist er davon überzeugt, dass sie ihm die ganze Zuwendung des Vaters gestohlen hat und dass sie das – auch als kleines Mädchen – hätte verändern können, wenn sie das gewollt hätte. Er kann die Gefühle seiner Schwester gegenüber aber nicht als Neid wahrnehmen; er ist doch nicht neidisch! Er träumt aber immer wieder von Menschen, die in seiner Wahrnehmung furchtbar neidisch sind.

In den Situationen, in denen wir Erfahrungen gemacht haben, die sich in Komplexen niederschlagen und als Beziehungsepisoden verinnerlicht werden, wurde uns Nähe verweigert. Statt Beziehung erlebt man Trennung in einer Situation, in der durch einen wie immer auch gearteten Angriff das Bindungssystem aktiviert ist und wir Verständnis, Nähe, Empathie erleben möchten, meistens gerade von dem Menschen, der uns angreift. Stattdessen erleben wir Ungerechtigkeit, Demütigung, Herabsetzung, einen kritischen, bösen Blick, wo wir doch einen liebevollen, interessierten Blick gebraucht hätten. Dadurch wird unser Selbstwertgefühl beeinträchtigt, und wir fühlen uns schlecht, »verschattet«.

Alle Dimensionen, die wesentlich sind, um sich versöhnen zu können, sind beim Entstehen eines Komplexes angesprochen und durch den Komplex gehemmt. Nun haben die meisten Menschen auch gute Beziehungserfahrungen, die diese schwierigen Komplexerfahrungen relativieren, die bewirken, dass auch gute Aspekte des eigenen Selbst erfahrbar sind und ein einzelner Komplex, eine einzelne Komplexepisode sich nur in klar umschriebenen Lebenssituationen auswirkt. Es ist aber auch möglich, wie bei Karl, dass eine Komplexepisode generalisierend das Leben eines Menschen zentral bestimmt. Dann haben wir es mit einem Ressentiment zu tun. Gegenwärtige Erfahrungen werden im Sinne des Ressentiments erlebt und gedeutet, und so immer wieder genährt.

Ressentiment und Hass

Verzeihen meint aufhören zu hassen. Hass ist Ärger und Wut, die nicht mehr weichen. Hass ist Groll, Hass ist im Ressentiment, der Hass nährt die Rachsucht. Man möchte dem anderen Leid zufügen, möchte lustvoll zerstören, was man hasst. Mit dem Hass raubt man sich selber die Freiheit, meint aber, den anderen damit virtuell irgendwie in Schach zu halten. Hass schlägt andere Menschen, auch Unbeteiligte, in die Flucht. Man meidet Menschen, die um sich eine Atmosphäre des Hasses haben, man mag davon nicht angesteckt werden, die Lebensfreude erstirbt. Oder aber auf den Hass wird mit Hass geantwortet, Rache fordert neue Rache – der Kreislauf von Hass ist schwer zu unterbrechen. Im Hass verbirgt sich aber auch Angst und Trauer.

Jemanden hassen heißt, sich jemanden als Ursache der eigenen Trauer vorzustellen, sagt Spinoza,[59] und deshalb will man den gehassten Menschen oder das, was man hasst, entfernen oder zerstören.

Wer uns einen bedeutenden Verlust zufügt, den oder die hassen wir. Was uns einen großen Verlust zufügt, das hassen wir. Natürlich kann der Hass ganz unterschiedliche Qualitäten annehmen. Wenn uns in unserer Wahrnehmung ein anderer Mensch einen geliebten Menschen wegnimmt, werden wir anders hassen, als wenn hässliches Wetter uns den Tag verdirbt. Und dennoch können wir sagen: Ich hasse dieses Wetter. Das mag dann etwas übertrieben erscheinen, ein so starkes Gefühl bloß für ein Wetter, das man eh nicht ändern kann, aber der Ausdruck mag durchaus dem Lebensgefühl entsprechen.

Durchfährt uns plötzlich ein Stich von Neid angesichts einer Leistung eines anderen Menschen, dann sind wir in unserem Neid ärgerlich. Wir hassen den Neiderreger oder die Neiderregerin, aber wir sind auch ärgerlich, weil uns die gute Laune verdorben und das Einverständnis mit uns selbst gestört ist. Angst kann aufsteigen: Werden wir es nie schaffen, und wir müssten es doch? Und eigentlich sind wir auch traurig.

Aber auch umgekehrt kann es uns geschehen: Wir freuen uns und hätten gern die Mitfreude einiger Mitmenschen. Stattdessen kommt eine neidische Reaktion. Nun sind wir wirklich traurig – und ärgerlich. Und vielleicht hassen wir auch die, die einem die Freude verderben. Der Satz von Spinoza scheint zu stimmen.

Nun sagt der Satz aber genau: Sich jemanden als Ursache der eigenen Trauer vorzustellen. Die Vorstellung ist dabei wichtig: Es heißt nicht, dass jemand wirklich die Ursache unserer Trauer sein muss, es genügt, dass wir uns das vorstellen, denn für unsere Trauer brauchen wir einen Grund.

Interessant ist die Verbindung von Hass und Verlust, von Hass und Trauer. Am Grunde des Hasses wäre also die Trauer darüber, dass jemand fähig ist, in unser Leben Trauer statt Freude zu bringen, uns mit einem bösen Blick zu bedenken, wo man einen liebevollen Blick brauchen würde.

Wo wir ein Ressentiment haben, dominiert das Gefühl des Hasses. Wir sind zutiefst davon überzeugt, dass man uns etwas weggenommen hat, das uns gehören würde, dass wir es nie zurückbekommen werden, dass es immer ungerecht bleiben wird. Es ist ein Grollen und Hassen, das alle anderen Gefühle überlagert. Es ist ein ohnmächtiger Hass: Der Mensch ist diesem Hass ausgeliefert, es ist ein Zürnen, das vom Ich unabhängig ist – es gehört zu einem Komplex, über den man keine Kontrolle hat. Andere, korrigierende Lebenserfahrungen können die Mauer des Hasses und der Ablehnung meistens nicht durchdringen. Und dennoch scheinen mir viele Menschen, die unter einem ihr Leben dominierenden Ressentiment leiden, Inseln in ihrem Leben und in ihren Erfahrungen zu haben, die nicht vom Ressentiment und auch nicht vom Hass bestimmt sind.

Karl hat eine große Liebe zu Igeln. Er pflegt Igel, die angefahren oder vergiftet worden sind. Der Hass richtet sich dann auf die Menschen, die Igel überfahren oder Giftkörner streuen. Diese Liebe scheint mir auch einen symbolischen Gehalt zu haben: Vielleicht pflegt er in den Igeln auch seine etwas stachligen Seiten, die ja auch damit zusammenhängen, dass er im symbolischen Sinn überfahren und vergiftet worden ist.

Ressentiment und Neid

Alle haben es besser als Karl. Dabei hätte er es doch am meisten verdient, dass es ihm besser geht. Es ist ungerecht. Besonders seine Geschwister beneidet er insgeheim. Er hasst sie, so sagt er – aber verbunden mit dem Hass ist ein glühender Neid[60], der sich immer einmal wieder Bahn bricht. Wenn er so gefördert worden wäre wie seine Schwester, dann wäre er viel erfolgreicher. Er schätzt das Leben seiner Geschwister gering; was immer sie erreichen, es ist nicht der Rede wert – oder wenn doch, dann einer sehr abschätzigen Rede. Er hält seine Geschwister für sehr neidisch, und er träumt oft von Menschen, die er als neidisch bezeichnet. Er selber hält sich nicht für neidisch, zeigt aber das Verhalten, das Neid maskiert. Er hasst alles, was ein wenig außergewöhnlich ist, er hasst freudige Menschen, er hasst alles Neue, wenn es nicht von ihm kommt.

Es ist aber außerordentlich schwierig, den Neid anzusprechen, weil das meistens viel Scham auslöst, die bei Menschen mit einer Selbstwertproblematik zu Wutausbrüchen oder zu einem Rückzug aus der Beziehung führen kann. Ertappt man sie beim Neid, ertappt man sie in ihrem Schatten, und das können sie auf keinen Fall ertragen.

Der Neid ist das Gefühl, das uns daran erinnert, dass wir auch ein anderer oder eine andere sein könnten. Neiden wir, dann stellt sich uns die Frage, ob wir genug aus unserem Leben machen oder ob das, was wir beneiden, ebenso als Herausforderung verstanden werden könnte, andere Aspekte unserer Persönlichkeit auch zu verwirklichen. Der Neid kann uns andererseits aber auch darauf hinweisen, dass unser Selbstbild revidiert werden muss, dass unser Selbstbild und die Möglichkeiten der Selbstverwirklichung in unserem Leben nicht miteinander übereinstimmen, also neu aufeinander abgestimmt werden müssen. Gelingt es, Neid in kleineren Dosen zuzulassen und ihn in seiner Aufforderung zu verstehen, kann das Selbstbild verändert und das Selbstwertgefühl verbessert werden. Dahin ist aber oft ein weiter Weg. Viel eher ist es so, dass Neiderreger und Neiderregerinnen »zerstört« werden müssen. Wer Neid erregt, muss aus dem Weg geschafft werden oder sichtbar überflügelt werden. Wer neidet, sieht den Neiderreger oder die Neiderregerin als vom Schicksal bevorzugt. Die große Mutter hat mit einem Füllhorn alle ersehnten Eigenschaften über diese Menschen ausgegossen, der Neider, die Neiderin ist zu kurz gekommen – und das ist ungerecht. Noch ungerechter aber ist, dass sie sich im Griff eines Dämons fühlen, einer inneren Instanz, die unerbittlich von ihnen verlangt, mindestens so viel wie der Beneidete zu haben, zu schaffen, zu sein, auch wenn er oder sie ganz andere Voraussetzungen hat. Neiden zu müssen ist ein außerordentlich qualvoller Zustand. Um gönnen zu können, braucht es zunächst das Wissen darum, dass der andere Mensch ein anderer ist, mit einem anderen Schicksal, mit anderen Aufgaben. Und dann gehört weiter dazu, dass man sich selber akzeptiert, mit den eigenen Möglichkeiten, Schwierigkeiten und Aufgaben. Solange das nicht möglich ist, muss der Neider den Neiderreger oder die Neiderregerin auf irgendeine Weise »zerstören«, zumindest hassen.

Nach der Theorie des Neides[61] würde man Karl unter die aggressionsgehemmten destruktiven Neider einreihen. Das sind die Neider, die gar nicht zur Kenntnis nehmen, dass ein anderer Mensch etwas Besonderes geschaffen hat. Sie benehmen sich, als wäre einfach überhaupt nichts geschehen. Bei Menschen mit einer narzisstischen Problematik, die vor allem sich selber wahrnehmen und den anderen Menschen, das Du, die Welt, aber vielleicht auch das Andere im Sinne von etwas

Größerem, das Menschen umfängt, nicht zur Verfügung haben, leuchtet dieser Umgang mit Neid ein. Für die Neiderreger oder die Neiderregerin ist dieses Verhalten allerdings äußerst kränkend und wird als destruktiv erlebt.

Der Neid zeigt uns, dass wir mit uns nicht einverstanden sind, dass wir aber auch mit dem Leben nicht einverstanden sind. Wir sind nicht nur nicht versöhnt mit den anderen Menschen, sondern auch unversöhnt mit uns und mit dem Leben an sich.

Das Ressentiment besteht geradezu darin, dass man davon ausgeht, dass es die anderen besser haben als man selbst und dass das im hohen Maße ungerecht ist. Bloß Gerechtigkeit schaffen, das schafft man nicht. Neid und Ressentiments vergiften Beziehungen: Was gut sein und einem das Leben erleichtern könnte, wird nur unter dem schlechten Aspekt wahrgenommen. Und schuld ist natürlich der andere, schuld ist das Leben.

Der uneingestandene Neid ist das Hindernis, um sich mit einem anderen Menschen zu versöhnen. Es ist die Destruktion, der Hass, unbenannt zwischen den Kontrahenten stehend, die die Empathie vereiteln, die notwendig wäre, um sich zu versöhnen. Und obwohl dieser Neid verdrängt oder abgespalten wird, dem bewussten Handeln wenig zugänglich, legt sich über jeden Konflikt, der Neid auslöst, eine Atmosphäre des Neides. Dadurch kann auch der Konflikt nicht wirklich erkannt werden.

Wie der Neid Konflikte maskiert

Ein Paar, beide um die 40, sucht eine Beratung auf, weil die beiden ihre Konflikte immer weniger lösen können und sich eingestehen müssen, dass sie sich viel öfter hassen, als dass sie sich lieben, und dass es zunehmend schwieriger wird, sich nach Streitereien wieder zu versöhnen. Sie führen diese Entwicklung darauf zurück, dass sie schon 18 Jahre zusammen leben und ihre Beziehung etwas »Geschäftsmäßiges« bekommen habe, wie die Beziehung von anderen Paaren, die sie kennen. Dennoch sind sie beunruhigt und finden es nicht ganz normal, denn sonst würden sie keine Beratung aufsuchen. Sie möchten lernen, besser miteinander zu streiten und sich auch wieder zu versöhnen, etwas, das sie früher offenbar recht lustvoll gekonnt haben. »Wir waren uns nie so nahe, wie wenn wir uns nach einer Auseinandersetzung wieder versöhnt haben, da haben wir uns geliebt, uns etwas gegönnt – das war prima. Manchmal haben wir einen kleineren Streit absichtlich in einen etwas größeren Streit ausweiten lassen, damit wir auch wirklich einen Grund hatten, uns zu versöhnen.«

Wir suchen einen Konflikt.

Hans: »Ich mache eine Zusatzausbildung, die viel Zeit und Geld kostet, die mich aber beruflich weiterbringt. Wann immer ich sage, ich müsse noch arbeiten, wirft mir Eva vor, ich würde sie vernachlässigen, ich würde meine Kinder vernachlässigen, es sei ja schlimmer, als wenn ich eine Geliebte hätte. Das ärgert mich und macht mich auch hilflos. Dabei haben wir miteinander verhandelt, bevor ich diese Ausbildung begonnen habe, und wir fanden beide, es sei eine gute Sache. Ich finde das alles ungerecht: Ich habe nur noch ganz wenig Freizeit, ich muss mir große Mühe geben, gebe sie mir auch – und sie wirft mir ständig Knüppel zwischen die Beine. Natürlich habe ich weniger Zeit für gemeinsame Freizeitaktivitäten, aber das war besprochen, und die Kinder finden es eh nicht mehr so attraktiv, ständig mit Vater und Mutter etwas zu unternehmen. Und, ich bin ja froh, dass Eva wirklich für die Kinder da ist, und wenn es nötig ist, nehme ich mir auch viel Zeit für sie.«

Eva: »So sehe ich das nicht. Als wir uns entschlossen, dass du diese Ausbildung noch machst, war mir nicht klar, was da auf uns zukommt. Du bist ständig überlastet, gestresst. Manchmal denke ich, du könntest noch einen Herzinfarkt bekommen – und mich siehst du überhaupt nicht mehr. Alle deine schlechten Seiten kommen wesentlich mehr zum Vorschein, als mir lieb ist. Du machst zu wenig Sport, hast keine Ordnung in deinen Sachen, redest zu lange am Telefon, ach, ich könnte aufzählen bis morgen, es bringt ja doch nichts. Ich bin mehr als ärgerlich, ich bin total wütend und ich hasse diese Ausbildung.«

Was möchte Eva? Wie sollte sich die Situation für sie verändern? »Ich hasse diese Situation. Ich finde, sie muss sich verändern.« Also diese angefangene Ausbildung aufgeben? »Nein, natürlich nicht. Das wäre ja schade um das Geld und um die Arbeit, die Hans schon hineingesteckt hat. Er soll sich halt einfach verändern. Er soll die Ausbildung locker nehmen, soll sich so viel Zeit wie früher für die Familie nehmen, soll sich zusammenreißen.«

Ob sie, Eva, auch etwas verändern könnte? »Nein, ich bin ja die Leidtragende! Wenn ich eine solche Ausbildung machen könnte, dann würde ich von ihm nicht noch zusätzliche Anstrengungen verlangen. Ich würde aber auch nicht wollen, dass er zusätzlich belastet ist.«

Eva sitzt mürrisch da, Hans seufzt und sagt: »An diesem Punkt sind wir immer wieder und nichts verändert sich. Ich habe ihr vorgeschlagen, auch noch eine Ausbildung zu machen, aber das geht natürlich im Moment wirklich nicht. Wir müssen das nacheinander machen. Aber dann sagst du *(zu Eva gewandt)*, dass du das gar nicht wirklich willst.«

»Das hat bei mir gar keinen Sinn. Sag mir, welche Art der Fortbildung du für mich sehen würdest?« Hans schweigt. »Siehst du.«

Auf die Frage, ob sie Hans diese Ausbildung neide, ob sie vielleicht doch auch gern noch etwas lernen würde, reagiert sie erstaunt. »Ich bin doch nicht neidisch – überhaupt nicht, ganz und gar nicht. Ich habe viele Probleme, aber Neid ist nicht darunter.«

Hans sagt nachdenklich: »Das stimmt so nicht. Wir hatten in unserer Beziehung oft Probleme mit dem Neid, aber du hast sie immer überwunden, weil du mich geliebt hast. Erinnerst du dich noch, wie neidisch du warst, als ich eine Geschäftsreise ins Ausland machen durfte – als Anerkennung! Damals warst du zuerst eingeschnappt, sagtest, nie seiest du das Glückskind, immer würdest du die ›Arschkarte‹ ziehen. Ich verstand deine Reaktion schon. Ich konnte dich auch nicht mitnehmen. Verzichten wollte ich aber auch nicht. Ein wenig egoistisch war es schon, aber du sagtest dann plötzlich: ›Es ist doch fantastisch, dass du das haben kannst, wenn ich es schon nicht haben kann. Und dann haben wir uns wunderbar versöhnt.‹

Eva ist neidisch. Sie ist der Ansicht, dass sie zu kurz kommt, dass sie sich nicht holen kann, was sie sich holen möchte, ganz im Gegensatz zu ihrem Partner, der »immer alles erreicht und bekommt, was er sich vorgenommen hat«. Sie sieht ein, dass das eines ihrer Probleme ist, und sie möchte dieses Problem auch lösen. Sie kann das einsehen, wahrscheinlich durch die einfühlende Erklärung ihres Mannes, der zwar den Neid ansprach, aber gleichzeitig bestätigte, dass sie mit dem Neid umgehen konnte. Er hat damit aber auch angesprochen, dass sich ihre Beziehung verändert hat: Es ist nicht mehr eine Liebesbeziehung, in der das »Wir« eine dominierende Rolle spielt, es ist mehr eine geschäftliche Beziehung geworden, in der um Freiheiten und Verpflichtungen gefeilscht wird.

In der aktuellen Konfliktsituation kann Eva aber nicht einsehen, dass bei ihrer Beurteilung der Lage, die zu einem Teil sicher treffend ist, auch der Neid eine Rolle spielt. Wäre die Situation wirklich konkret untragbar, wäre sie leicht zu verändern. Sie ist aber nicht konkret untragbar, sondern psychisch. Eva kann ihrem Partner diese Ausbildung nicht gönnen, verlangt aber von ihm, dass er sie rasch und erfolgreich absolviert und dass er genauso im gemeinsamen Leben präsent ist wie in der Zeit, als er keine Ausbildung machte. Hans fühlt sich in einer Falle gefangen, drückt seine Hilflosigkeit aus, auch seinen Ärger. Er kann Eva zwar verstehen, er kennt ihren Neid und auch dessen Hintergrund, er akzeptiert aber nicht, dass sie jetzt solchen Druck macht. Eva kann Hans nicht verstehen, meint auch, keinen Druck aufzusetzen – das sei nun einfach einmal »ihr Tarif«.

Die beiden können sich nicht versöhnen. Es ist nicht auszumachen, was gemeinsam in die Verantwortung genommen werden muss. Der Neid, nicht mehr durch die Liebe neutralisiert, ist wie eine unausgesprochene große Wut, die Rache braucht. Hans soll zwar machen, was er machen will, aber er soll dabei Schuldgefühle haben.

Das Problem des Neides müsste in die Verantwortung genommen werden. Das ist aber für Eva nicht möglich, das würde ihr Selbstwertgefühl zu sehr erschüttern. So wird zwar am Problem mit der zusätzlichen Ausbildung herumgedacht und es werden auch Lösungen erwogen, aber das wirkliche Problem kann zu diesem Zeitpunkt nicht angegangen werden.

Neid macht unversöhnlich. Spielt der Neid bei Konflikten eine große Rolle, und das ist nicht selten der Fall, dann kann man nicht einfach streiten und miteinander herausfinden, was gemeinsam in die Verantwortung genommen werden muss. Der Neid ist als stummer Vorwurf immer auch mit vorhanden, oft auch gar nicht benennbar, weil es beschämt, jemanden neidisch zu nennen. Auch sind die wenigsten Menschen bereit, zu ihrem Neid zu stehen. Das lässt den weniger Neidischen auch etwas ratlos zurück: Ist es jetzt Neid oder meint man bloß, Neid zu spüren?

Dies ist besonders dann problematisch, wenn eigentlich gar kein Konflikt vorhanden ist, sondern einfach eine Missstimmung, von der man nicht so recht weiß, woher sie kommt.

Marianne und Helmut sind beide Musiker. Marianne hat eine erste CD eingespielt, sie ist gerade herausgekommen. Marianne ist glücklich, ist stolz, will ein Fest organisieren und allen, die daran teilnehmen, die neue CD schenken. Helmut findet das übertrieben, aufwändig, viel Arbeit – und einfach auch »Verhältnisblödsinn«. Er hilft zwar mit, steuert auch Ideen bei, ist aber deutlich verstimmt. Auf seine Verstimmung angesprochen erklärt er, es passe ihm eben gar nicht, seine Arbeit bleibe liegen. Marianne lässt sich nicht von ihrer Idee abbringen, aber ihr ist die Freude verdorben.

Viele Jahre später, als es in ihrer Beziehung sehr schwierig wird, erinnert sie sich an diese Situationen. Warum haben sie nie darüber gesprochen, dass sie beide auch sehr miteinander rivalisierten, Marianne immer etwas erfolgreicher war und vor allem auch mehr Freude an ihrem Erfolg hatte und diese auch zeigen konnte. Da waren immer irgendwelche Missstimmungen, die keinen wirklichen Konflikt heraufbeschworen haben, aber sich lähmend über die Beziehung legten. Halb bewusst kannte Marianne aber das Problem des Neides ihres Partners, auch wenn dieser immer wieder betonte, wie sehr es ihn freue, so eine starke, erfolgreiche Frau zu haben, und dass er zum Glück ein sehr gönnender Mensch sei: Ihr fällt im Nachhinein auf, wie sehr sie seine Erfolge immer wieder benannt hat, wie sie ihm aber auch viel Arbeit abgenommen hat – irgendwie aus einem Schuldgefühl heraus. Es dürfte sich hier um das Schuldgefühl der Neiderregerin gehandelt haben, ein Schuldgefühl, das wohl bekannt ist.[62]

Marianne erinnert sich dann auch daran, dass sich in diesen Situationen sehr wohl Konflikte ereignet haben: Etwa darüber, welchen Wein man den Freunden und Freundinnen anbieten sollte. »Lächerlich« fand Marianne diese Konflikte. Es waren möglicherweise Scheinkonflikte, die dann auch einfach zu lösen waren. Aber der Grundkonflikt dahinter, der Neid, der blieb dabei unbemerkt und konnte auch nicht durch ein liebevolles, wertschätzendes Gespräch aufgehoben werden – denn er war ja gar nicht sichtbar.

Die Auseinandersetzung mit dem Ressentiment

Unter einem Ressentiment zu leiden, ist eine große Herausforderung an die Bereitschaft sich zu entwickeln.

Wenn man will, wenn man wollen kann, kann man an der Komplexepisode, die hinter dem Ressentiment steht, arbeiten, sich davon befreien, sie zumindest verändern. Damit bekäme dann auch die Vergangenheit ihren richtigen Platz. Wenn wir von einer bedeutenden Komplexepisode bestimmt sind, bleiben wir der Vergangenheit verhaftet, bleiben auch in der Opferposition der Vergangenheit – und wir bleiben unversöhnlich. Unversöhnlich zu sein heißt auch, der Vergangenheit verhaftet und nicht mehr offen für die Zukunft zu sein.

Das Arbeiten an der Komplexepisode

Mit den Komplexepisoden, die Karl erzählt hat, kann man arbeiten. Karl hat Geschichten erzählt, die den Kern seines Ressentiments ausmachen. Für ihn ist die Geschichte, in der er nicht dazu kam, etwas zu erzählen und brutal weggeschickt wurde, wichtiger als die Geschichte, in der er vergessen wurde.

Er kann sich leicht in das Kind von damals einfühlen, wie es in seiner Geschichte auftaucht, das dringend etwas erzählen möchte, das nicht schafft, und mit Verachtung bestraft wird. So fühlt er sich jetzt fast ständig, denn »alle« behandeln ihn mit Verachtung. Eine Komplexepisode wird aber als Ganze verinnerlicht: Nicht nur der Kindpol der Komplexepisode, sondern auch der Pol des Angreifers spielt eine Rolle in unserer Psyche. Was der Angreifer in unserer Fantasie sagt, das sagen wir uns selber oft, wenn wir mit uns nicht zufrieden sind. Auch Karl sagt sich gelegentlich, er sei eigentlich eine

Enttäuschung, fügt dann aber gleich an, dass die anderen schuld daran sind. Insgeheim ist er überzeugt davon, eine Enttäuschung zu sein. Er hat auch ein Ressentiment gegen sich selbst. Er ist aber auch identifiziert mit dem Angreifer seiner Komplexepisode: Anderen Menschen gegenüber ist er extrem abwertend, voll Hass und voll Verachtung. Er verachtet, um nicht neiden zu müssen.

Indem man eine Komplexepisode erzählt, wird eine Erfahrung, die einem unter die Haut gegangen ist und die immer noch prägt, in eine emotionale Geschichte eingebettet, die mit einem anderen Menschen geteilt werden kann. Gerade durch das Erzählen kann sie neue Assoziationen auslösen, das heißt, neue Gesichtspunkte einbringen und neue emotionale Erfahrungen ermöglichen.

Indem man sich in den Kindpol einfühlt, sich imaginativ in diesen zurückversetzt, erlebt man noch einmal, wie man sich als Kind in diesen speziellen Situationen gefühlt hat. Indem man sich in den Erwachsenenpol einfühlt, der sonst meistens in der Projektion bleibt, findet man heraus, wo man selber mit diesem Angreifer oder dieser Angreiferin identifiziert ist. Sowohl das Verhalten, das im Kindpol ausgedrückt ist, als auch das Verhalten, das im Erwachsenenpol ausgedrückt ist, muss geopfert werden. Im konkreten Alltag muss man sich das entsprechende Verhalten, wenn es einem zum Bewusstsein kommt, versagen. Das kann man leichter, wenn man sich klar macht, in welchen Situationen man besonders gefährdet ist, in dieses Verhalten zu fallen, in welchen Situationen der Komplex sich konstelliert. Dann weiß man, wann man auf sich aufpassen muss. Gelingt es, dieses Verhalten zu kontrollieren, dann besteht das Leben nicht mehr aus Opfern und Angreifern, und man kann das Leben gestalten.[63] Um das zu können, muss man sich in den Angreifer oder in die Angreiferin hineindenken und hineinfühlen können. Indem man sich imaginativ mit dieser Gestalt identifiziert, kann eine erste Einfühlung gelingen. Wie hätte ich dem Kind gegenüber, das ich damals gewesen bin, reagiert? Was hätte ich gefühlt, wenn ein Kind mir etwas erzählen will und es kommt einfach nicht zu

Potte. Natürlich hätte ich ganz anders reagiert – liebevoller. Aber gäbe es vielleicht eine Situation, in der ich auch so reagiert hätte wie der Vater? Akzeptiert man, dass man die ganze Komplexepisode verinnerlicht hat, und identifiziert man sich auch nur probeweise mit dem Angreifer oder der Angreiferin des Komplexes, so muss man zugeben, dass man selber auch solche Schattenanteile hat, die man zuvor nur auf diese Angreifer projiziert hat. Gewiss, man ist nicht durch und durch identisch mit diesen Angreifern, aber man hat auch Aspekte davon im alltäglichen Verhalten, und das beschämt ungemein.

In den Komplexepisoden zeigen sich Beziehungsmuster, die schwierige emotionale Verstrickungen auslösen, die nicht so einfach gelöst werden können und die dysfunktional wirken. In den Komplexepisoden zeigen sich auch Entwicklungsthemen, die durch diese schwierigen Beziehungserfahrungen gebremst worden sind, Lebensthemen, die zu verwirklichen die Überzeugung vermitteln, ein sinnvolles Leben zu leben, die eigenen Wünsche auch umsetzen zu können im konkreten Leben. »Warte nur, bis ich groß bin«, ist ein eng geführtes Lebensthema, das die Verhinderung kompensiert. Wer sich unbewusst ein derartiges Lebensthema wählt, muss immer wieder zeigen, dass er oder sie groß ist, und dieses Defizit, das angesprochen worden ist, kompensieren muss. Das ist anstrengend und einengend. Den Ansatz von einem Lebensthema erkennt man an der Komplexepisode.

Carla hätte gewollt, dass ihr Vater ihre Vision vom Gymnasium und damit die Idee, dass ihr viele Berufe offen stehen würden, sie in einer faszinierenden Welt der Bildung ihren Beruf auswählen könnte, unterstützt hätte und sie in ihrem Versuch, sich selber als intelligent und mutig zu positionieren, bestärkt hätte. Er tat das nicht, er tat das Gegenteil: Er verhöhnte sie in ihrem Wunsch. Das Lebensthema, sich in verschiedenen sie interessierenden Gebieten ausprobieren zu dürfen, sich zu erproben, ein so gutes Selbstwertgefühl zu gewinnen, dass sie sich etwas zutrauen konnte, wurde in der Beziehung zum Vater eingefroren. In der Beziehung zu ihrem Mann wurde es zunächst wiederholt und dann, unter anderem auch durch die Therapie, befreit. Carla konnte auch innerlich wieder die Verbindung herstellen zu dem jungen Mädchen, das sich eigentlich recht viel zugetraut hatte, das mit dem Besuch des Gymnasiums die Vision verband, einmal etwas ganz Besonderes in seinem Leben zu schaffen. Mit der Verbindung zu diesem Mädchen, das in ihrer Erinnerung kraftvoll war, verband sie sich wieder dieser Kraft, aber auch diesem Wunsch, noch einmal etwas Besonderes in ihrem Leben zu schaffen. Das Besondere, das sie anstrebt, ist nichts Grandioses. Sie möchte die eigenen Fähigkeiten ausschöpfen und etwas schaffen, das deutlich ihre Handschrift trägt.

Carla und Karl, beide möchten, dass ihre noch lebenden Väter einsehen, dass sie den Kindern Unrecht getan haben. Sie möchten, dass sich die Väter bei ihnen entschuldigen. Die Idee, dass auch sie ihren Vätern Verzeihung anbieten könnten, ohne dabei zu verwässern, was ihnen angetan worden ist, weil die Väter wohl auch nicht einfach aus Boshaftigkeit so gehandelt haben, wie sie gehandelt haben, weisen beide noch weit von sich. Wenn es für sie möglich wäre, von sich aus zu verzeihen, auch wenn ihre Väter dazu nicht bereit sind, könnten sie sich damit aus der Passivität der Opferrolle befreien. Es gäbe ihnen Freiheit und Würde und würde darüber hinaus auch zeigen, dass sie die Komplexepisode wirklich verarbeitet haben. Aber es wäre nicht richtig, von außen diesen Gedanken an die beiden heranzutragen.

Bei der einen Komplexepisode, an die Karl sich erinnerte, ging es darum, dass er eine Geschichte erzählen und gehört werden wollte. Das ist ihm erst in der Psychotherapie gelungen. Er möchte wirklich Geschichten erzählen. Er schreibt auch Geschichten, aber niemand will diese Geschichten lesen, die von verschiedenen Ressentiments handeln. Er möchte mit Geschichten bei den anderen Menschen ankommen. Er wählt Geschichten von Dichtern und liest sie in seiner Freizeit Menschen im Altersheim vor. Das gibt ihm ein erstes Gefühl von Ankommen, von Dazugehören, und damit auch von sinnvollem Leben.

Wenn wir das Lebensthema, das mit dem Komplexthema

verbunden ist, nicht aus den Augen verlieren, können die Konflikte und die damit verbundenen Identifikationen leichter angesprochen werden. Es ist auch etwas einfacher, den eigenen Schatten zu sehen und zu akzeptieren, wenn man gleichzeitig spürt, dass man auch Energien hat für das Verfolgen eines wichtigen Grundbedürfnisses im eigenen Leben jenseits des Ressentiments, und dass dieses Lebensthema[64] einem auch wiederum viele Energien gibt.

Das Selbstwertgefühl stützen

Man kann auch grundsätzlich daran arbeiten, das Selbstwertgefühl zu stabilisieren und zu verbessern. Das wird man in einer Therapie machen, wenn die Konfrontation mit den Komplexepisoden zu schmerzhaft ist. Wenn es uns gelingt, unser Selbstwertgefühl immer wieder zu stabilisieren – besonders auch in Anbetracht der Konfliktsituation, die uns unversöhnlich gemacht hat, die bewirkt hat, dass wir in einem Ressentiment uns selber, aber auch die Atmosphäre um uns herum vergiften –, dann können wir uns eher aus der Falle unserer hinter dem Ressentiment stehenden Komplexepisode befreien, und nur dann können wir die Versöhnung anbieten.

Man wird sich allerdings, wenn man an den Komplexepisoden arbeitet, immer auch auf die Ressourcen eines Menschen beziehen und seine Stärken, seine Kompetenzen betonen. Ohne die Betonung der Ressourcen ist die Konfrontation mit den Komplexepisoden zu angstauslösend und löst zu viel Abwehr aus. Gerade auch der Hinweis auf die Lebensthemen, die in den Komplexepisoden »gebunden« sind, ermöglicht einen neugierigen und hoffnungsvollen Blick auf diese Konfliktzentren.[65]

Gelingt es an einer Komplexepisode, die ein Ressentiment bewirkt hat, so zu arbeiten, dass eine Versöhnung mit sich, mit der Geschichte, mit der auslösenden Person eintritt, so wird auch die Isolierung, in die das Ressentiment geführt hat, ein wenig aufgelöst.

Sind wir in einem Ressentiment befangen, dann befinden wir uns in einer Isolierung. Bewusst erleben wir uns in unseren uns gerecht erscheinenden Rachefantasien als omnipotent. Diese Rachefantasien werden nicht in die Tat umgesetzt, helfen aber auch nicht, das Selbstbewusstsein wiederherzustellen. Zwar vermeintlich selbstwirksam – wenn sie nur wollten! – sind sie gerade überhaupt nicht selbstwirksam und können nichts verändern. Das ist meistens Anlass zu großer Scham.

Aus dieser Isolierung kann man herausfinden, wenn man über das eigene Ressentiment trauert. Trauert man darüber, dass man nicht nur so ist, wie man gern sein möchte, so kann man wohlwollender mit sich selber sein, auch im Betrachten dieser etwas verschatteten Seiten. Dann wird es auch möglich, dass man die besseren Seiten wahrnimmt, die man auch hat. Aus einem Ressentiment kann man herausfinden, wenn man sich darauf besinnen kann, dass man nicht nur rächende Anteile in sich hat, sondern auch liebende. Das öffnet wieder den Weg zu den anderen Menschen, zur Kooperation, zum Involviertsein.

Das Sehen und Anerkennen von liebenden, wohlwollenden Seiten an sich selbst, ein Gegengewicht gegen die Rächenden, die Erfahrung, dass nicht alle Beziehungsangebote so sind, wie die ursprünglichen Komplexepisoden es fürchten lassen, kann in einer Psychotherapie geschehen. Hier wird an den Komplexepisoden gearbeitet und es wird gleichzeitig eine neue Beziehungserfahrung möglich, vermittelt durch einen Menschen, der nicht verachtet, sondern die Ressourcen sieht.

Sich aussöhnen mit dem schwierigen Schicksal

Es kann gelingen, sich mit einem sehr schwierigen Schicksal auszusöhnen, so dass kein Ressentiment entsteht.

Es gibt Situationen, in denen man sich nicht mit der Art des Todes abfinden kann, etwa bei einem gewaltsamen Tod durch einen anderen Menschen.

Ein Mensch, unter großem Druck stehend, erschießt viele Menschen der Regierung eines Kantons in der Schweiz, andere werden schwer verletzt. Der Täter richtet sich selbst, kann also nicht um Verzeihung bitten. Versöhnung wäre einfacher, wenn um Verzeihung gebeten würde.

Mit dem Täter muss man sich nicht mehr versöhnen. Er ist tot. Und wahrscheinlich würde man sich nicht mit ihm versöhnen, auch wenn er leben würde. Man wird sich nicht mit jedem Menschen versöhnen, aber man müsste davon wegkommen, ihn zu hassen. Der Hass bindet. Ein Problem kann darin bestehen, dass man nicht wirklich in die Gefühle der Trauer hineinfindet – und das sieht von außen so aus, als würde man nicht aus der zweiten Phase der Trauer herausfinden. Man bleibt im Groll gegenüber diesem Mörder stecken: Das ist eine seltsam unvitale Wut. In der Wut stecken bleiben kann man nur, wenn man sie nicht wirklich zulassen kann. Man bleibt dann in einem Groll dem Leben gegenüber befangen. Man ist ein Opfer des Lebens, man bleibt ein Opfer des Lebens. Man hat ein Ressentiment – auch dem Leben gegenüber. Was ist dem Leben bloß eingefallen, einen dermaßen zu beeinträchtigen!

Wie könnte man diesen Groll opfern? Man müsste wahrnehmen, dass man als grollender Mensch auch ein Angreifer/eine Angreiferin ist, dass man selbst auch aggressiv ist, ein lebendiger Vorwurf den anderen Menschen gegenüber, denen insgeheim vorgeworfen wird, nichts gegen dieses Schicksal unternommen zu haben. Vor allem aber ist man sich selbst gegenüber aggressiv: Man hält die Zeit fest, man lässt die Zeit nicht verstreichen, die Vergangenheit hat die Gegenwart unheilvoll im Griff. In solch einer Situation, in der man einen geliebten Menschen durch einen Amokschützen verloren hat, löst man sich nicht von dem Bild des wütend schießenden Menschen. Das heißt, man lässt andere, neue Bilder gar nicht zu. Denkt man mit Groll an ihn, dann bleibt man eigentlich ein Opfer, wird den Rest des Lebens als Opfer verbringen müssen, was eine große Beeinträchtigung ist. Vielleicht gelingt es, sich damit zu versöhnen, dass so etwas geschehen kann im Leben, dass Menschen so sein können und dass wir alles dafür tun müssen, um das zu verhindern.

Man versucht dann zu verstehen: Der Täter ist ein Mensch, der große Schwierigkeiten hatte. Aber solch eine Tat ist nie wirklich zu verstehen. Es bleibt das Ungeheuerliche, da bleibt Unverstandenes, das wir hinnehmen müssen. Ein Denkmal zum Gedenken an das Schreckliche hat dabei eine große Bedeutung: Im Denkmal kann das Unverstandene, das Unerhörte Gestalt bekommen, im Denkmal kann man es aus der eigenen Psyche hinausverlagern in etwas Sichtbares, das immer wieder daran erinnert. Bei sich und für sich kann man es vielleicht nicht lösen, aber im gemeinsamen Gedenken und im Versprechen, das das Denkmal verdeutlicht – dass man daran denken wird, dass man es nicht vergessen wird –, kann man sich dem Leben wieder zuwenden und wieder andere, neue Erfahrungen machen.

Mit dem Denkmal bringt man zum Ausdruck, dass es eine unglaubliche Tat war, dass unglaubliches Leid geschehen ist, dass man sich aber trotzdem wieder dem Leben zuwenden will.

Es hat nicht nur den Einzelnen getroffen, es hat viele getroffen. Man muss miteinander etwas tragen, man kann miteinander etwas tragen, das mag helfen. Das ist der kollektive Aspekt des Trauerprozesses, parallel dazu wird aber auch der jeweils individuelle Verlust betrauert.

Es bleibt die unerhörte Aufgabe, sich mit der Condition Humaine des Menschen einverstanden zu erklären – sich zu versöhnen. Auch wenn man diese akzeptiert, das Leben hört nicht auf, auch ungeheuerlich zu sein – und wir Menschen sind von einer großen Verletzlichkeit. Der Gewalt steht unsere große Verletzlichkeit gegenüber, und die müssen wir wohl in die eigene Verantwortung nehmen. Das ist einfach so. Können wir diesen Aspekt des Lebens nicht akzeptieren und gleichzeitig als Problem sehen, so hassen wir die Gewalt und unsere Verletzlichkeit. Wir werden uns nicht damit auseinander setzen und uns als Opfer des Lebens fühlen. Und dann wird immer mehr Gewalt geschehen, denn in jedem Opfer steckt auch ein potenzieller Angreifer. Nicht Opfer, nicht Aggressor wäre der Ausweg, sondern Menschen, die verantwortlich miteinander das Leben mit all seinen Ungeheuerlichkeiten gestalten.

Sich aussöhnen mit gehassten Verstorbenen

Menschen sterben, man ist unversöhnt mit ihnen geblieben, und gelegentlich möchte man sich mit ihnen aussöhnen, manchmal viele Jahre nach ihrem Tod. Jetzt, da es zu spät ist, wäre man so weit, dass man sich aussöhnen könnte. Auch diese Aussöhnung kann ein Ressentiment zum Verschwinden bringen.

Eine 48-jährige Frau, Maria, spürt im Laufe ihrer Psychotherapie immer deutlicher, dass sie einfach nicht versöhnt ist mit ihrem Vater, der schon vor mehr als zwanzig Jahren gestorben ist. Eigentlich hat ihr dieses Gefühl des Unversöhntseins auch eine gewisse Stärke gegeben – so hat sie es zumindest erlebt. »Ich leiste es mir, mich nicht mit ihm zu versöhnen, ihm nicht zu verzeihen, er war ein Unmensch, er hat mich missbraucht in vielfacher Weise. Und ich brauche Therapie, und wenn ich ihm verzeihen würde, dann wäre es ein wenig so, als wäre das Schlimme gar nicht geschehen.«

So sprach sie am Anfang der Therapie. Sie entwickelte im Laufe der Therapie verschiedene Seiten an sich, die sie früher nicht gekannt hatte. Sie wurde vertrauensvoller im Umgang mit den Mitmenschen, weicher, sie wurde kreativer auch im Sinne, dass ihr zur Bewältigung von Problemen viel mehr Strategien zur Verfügung standen als früher. Dadurch wurde ihre Angst geringer, ihr Selbstwertgefühl war besser und ausgeglichener, und sie wagte es, nahe Bindungen zu anderen Menschen einzugehen, ohne sich dabei zu verlieren. Sie konnte um ihren Platz kämpfen, ohne destruktiv sein zu müssen. Als Mensch mit neu in ihr Verhalten integrierten Lebensmöglichkeiten gelang es ihr auch, sich mit ihrer Mutter, die noch lebte, zu versöhnen. Sie verstand, warum es ihrer Mutter nicht möglich gewesen war, ihre Kinder vor dem brutalen Vater zu schützen. Sie selber lebte in größter Angst vor ihm und war hilflos im Umgang mit dieser Angst. Als Maria ihrer Mutter vermitteln konnte, dass sie jetzt verstehen konnte, warum die Mutter sie als Kind nicht schützen konnte, ja, dass die Mutter wahrscheinlich sogar das Äußerste getan hatte, was sie tun konnte, bat ihre Mutter sie um Verzeihung. Die Erklärung, dass Maria ihre Mutter nun nachträglich verstehen konnte, war von Marias Seite die verzeihende Geste, die ihre Mutter gern aufnahm. Die beiden versöhnten sich und hatten von da an eine freundliche, liebevolle Beziehung. Maria versuchte ihrer Mutter, die mit sehr wenig Geld leben musste, das Leben zu erleichtern, auch indem sie allen ihren Geschwistern zu verstehen gab, dass sie gemeinsam eine Lösung finden müssten für die Mutter. Und sie fanden auch gemeinsam eine Lösung. Aber mit ihrem Vater blieb sie unversöhnt. Die Versöhnung mit der Mutter und die Versöhnung mit einigen der Geschwister bewirkte eher, dass der Vater noch mehr »ausgegrenzt« wurde. Alle standen gegen diesen toten Vater, der einfach ein Ungeheuer war und blieb. Diese Situation wurde für Maria immer weniger stimmig: »Eigentlich geht es mir sehr gut, ich habe viel mehr Lebensqualität, als ich je hatte. Ich habe Ideen, was ich in meinem Leben noch machen und erreichen will. Ich freue mich oft am Morgen einfach daran, dass ich am Leben bin, dass ein neuer Tag beginnt und frage mich, was der für mich alles bringen wird. Und dann fällt mir mein Vater ein. Und dass da doch etwas in meinem Leben ist, das nie mehr gutzumachen ist. Aber jetzt beginne ich mich darüber zu ärgern, dass mir mein Vater die schönen Morgenerfahrungen, die ich mache, verderben kann. Ich komme mir auch gar nicht mehr so toll vor, dass ich mich unversöhnlich gebe, irgendwie brauche ich es nicht mehr. Aber wie werde ich ihn los?«

Wenn das Leben lebendig ist, dann können solche unversöhnten Beziehungen manchmal losgelassen werden. Man will sich zwar nicht versöhnen, aber man kann es gut sein lassen. Sie verlieren ihre störende Wirkung. Die ungeheuerliche

Erfahrung wird dadurch nicht geleugnet, aber man erlaubt nicht, dass sie immer weiter wirksam bleibt und das Lebensgefühl beeinträchtigt. Manchmal braucht es mehr Anstrengung: Man möchte wirklich zu einer Versöhnung kommen und sich damit auch mit einem schwierigen Aspekt der eigenen Geschichte versöhnen, ein Ziel jeder Psychotherapie.

Sterben Menschen, die man nicht geliebt, sondern gehasst hat, so sind die meisten Hinterbliebenen der Ansicht, dass sie den Verstorbenen nicht betrauern müssen, sondern dass sie jetzt doch eigentlich zufrieden sein können. Sie verstehen zunächst nicht, dass der Hass auch bindet, wie die Liebe, oder vielleicht noch mehr, und dass auch gehasste Menschen betrauert werden müssen. »Der Tod meines Vaters war die beste Rache des Schicksals, eine viel bessere Rache, als ich sie mir hätte ausdenken können. Und dann noch dieser langsame Tod. Die Leiden, die er uns zugefügt hat, die hat er am Ende selber noch erleiden müssen. Damals, als er gestorben ist, dachte ich, das Schicksal sei doch gerecht«, sagte Maria in der ersten Phase ihrer Therapie, als sie träumte, sie habe ihren Vater nicht beerdigt – und der liege einfach so herum, zwischen alten, abgefahrenen Autoreifen im Hof ihres Elternhauses.

Jetzt, drei Jahre später, erlebte sie auch, dass Hass auch bindet, nicht nur die Liebe, und dass es doch zu einer Versöhnung mit ihrem Vater kommen müsse. Sie habe aber keine Gefühle der Trauer, sie fände sich nur sehr brutal. Sie erinnerte sich an ihren Satz mit der besten Rache und sie bereute nun diesen Satz, aber auch die Gefühle, die sie damals gehabt hatte: Jetzt fand sie diese Gefühle unmenschlich. Sie hatte in der Therapie gelernt, sich wohlwollend in andere Menschen einzufühlen, und deshalb hatte sie jetzt einen Konflikt. Wohlwollend konnte sie ja ihrem Vater gegenüber mit dem besten Willen nicht sein. Hämisch und rachsüchtig wollte sie aber nicht mehr sein, das stimmte nicht mehr mit ihrem neuen Selbstbild überein.

Die Trauerarbeit um gehasste Menschen kann gelingen, wenn man einen Umweg einschlägt. Man fragt zunächst danach, wie dieser Mensch denn hätte sein müssen, damit es weniger Enttäuschungen gegeben hätte, und wie man sich selber mit diesem idealeren Menschen entwickelt hätte.

Maria hatte im Laufe ihrer Therapie immer wieder einmal davon gesprochen, dass sie sich einen Vater gewünscht hätte, wie eine Freundin von ihr einen gehabt hatte. Es fiel ihr nicht schwer sich vorzustellen, wie denn ein idealer Vater für sie gewesen wäre. Ich nenne hier nur wenige Aspekte, es war eine Fantasiearbeit, die sich über mehrere Wochen erstreckte. Ihr Vater hätte klug sein sollen, der Arzt im Dorf, allenfalls noch der Pfarrer. Dann wäre er auch zugewandt gewesen: Er hätte sich mit seinen Kindern unterhalten. Er hätte sie bevorzugt, da sie ja begabt war. Das hätte zwar Ärger mit den Geschwistern gegeben, aber den hätte sie in Kauf genommen. Dieser Vater wäre stolz auf sie gewesen, wäre mit ihr ausgegangen, hätte ihr früh ein Auto gekauft als Anerkennung für die Matura (Abitur), die sie dann selbstverständlich mit den besten Noten gemacht hätte. Dieser Vater wäre zwar schon erotisch verführerisch gewesen, aber er hätte seine Grenzen natürlich gekannt...

Bei der Konstruktion dieses idealen Vaters bemerkte sie immer wieder, wie unrealistisch das doch sei. Der komme doch direkt aus einem Roman, aber ihr fielen immer neue Züge eines für sie idealen Vaters ein. Es geht bei dieser Arbeit nicht einfach darum, einen idealen Vater zu konstruieren, sondern auch darum, herauszufinden, wie man denn selbst geworden wäre, wenn man einen so idealen Vater gehabt hätte. Es geht um die Beziehung, die sich ergeben hätte, um die andere Form der Einwirkung aufeinander. Denn zweifelsohne wäre man ein anderer Mensch geworden mit einem anderen Vater. Zunächst war sie überzeugt, sie wäre in ihren Begabungen viel mehr gefördert worden. Dann fiel ihr plötzlich ein: Vielleicht wäre ich auch bequem geworden. In einer Familie, in der man schon »alles ist und alles hat«, da müssen sich die Kinder doch keine Mühe mehr geben. Es wird ihr bewusst, wie stolz sie darauf ist, dass sie, obwohl sie zu Hause nicht gefördert worden ist, trotz der finanziellen Schwierigkeiten, die sich ergaben, ein Studium abgeschlossen hat. Vielleicht war des doch besser, diesen idealen Vater nicht gehabt zu haben. Hätte der Vater sie so sehr bevorzugt, dann hätten ihre Geschwister sie ausgestoßen. Die Beziehung zu ihren Geschwistern war ihr aber immer wertvoll: »Mit ihnen fühle ich mich meistens einfach wohl, da braucht es nicht viele Worte. Mit diesem idealen Vater wäre ich auch so eine abhängige Tochter geworden, und ich bin doch so stolz auf meine Eigenständigkeit.«

Immer mehr wurde ihr bewusst, dass sie so, wie sie ist, stolz ist auf sich selber, dass sie anerkennen kann, wie sehr sie sich bewährt in dieser schwierigen Lebenssituation und wie viele Aspekte sie entwickelt hatte, auf die sie stolz war.

Mit dieser Erkenntnis verband sich ein neuer Blick auf den Vater. Sie erinnerte sich auch an gute Erfahrungen mit ihrem Vater, nicht nur an die Übergriffe, die sie in diesem Zusammenhang aber noch einmal in der ganzen Härte und Brutalität benennen konnte. Das war und blieb nicht in Ordnung. Sie entwickelte auch Verständnis für ihren Vater, konnte sich seine brutale Art erklären, aber nicht billigen.

Am Ende dieser Arbeit hatte sie das Bedürfnis, eine Geste zu finden, um das Ganze zu klären. Sie entschloss sich, ihrem Vater einen Brief zu schreiben. Darin stand, dass sie Frieden haben wolle mit ihm, dass sie die Geschichte mit ihm zu einem Ende bringen wolle. Sie schrieb, was sie verstehen und deshalb auch verzeihen könne, aber auch, was unverzeihlich war – und was sie jetzt, da er es ja nicht mehr gutmachen könne, einfach so stehen lasse. Im Brief war viel Trauer darüber zu spüren, dass ihre Beziehung so war, wie sie war, und dass sie nicht zu Lebzeiten miteinander darüber sprechen konnte. Sie erklärte ihm auch, warum sie seine Krankheit als die beste Rache sah – und sagte ihm, das tue ihr Leid. Ihr Leben sei gut – trotz allem – und deshalb wolle sie es jetzt auch gut sein lassen.

Aber wohin mit dem Brief? Ihn geschrieben zu haben, reichte ihr nicht. Sie entschloss sich, diesen Brief ihren Geschwistern zu zeigen. Sie lud zu einem Gedenken an den Vater ein, was unter den Geschwistern ein beachtliches Erstaunen hervorrief. Bei diesem Treffen erklärte sie, dass sie sich mit dem Vater, und damit auch mit einem schwierigen Aspekt ihres Schicksals, aussöhnen wolle. Da sie, die Geschwister, für sie eine wichtige Stütze gewesen seien, möchte sie das mit ihnen zusammen tun. Die Geschwister entschlossen sich, dem Brief der Schwester noch einiges anzufügen. Der Brief wurde bearbeitet und dann als der gemeinsame Brief der Nachkommen an den Vater verbrannt. Die Idee, den Brief einem Bruder des Vaters zum Lesen zu geben, hatten sie verworfen. Wahrscheinlich hatten die Geschwister die Idee, der Onkel könnte sie stellvertretend um Verzeihung bitten oder ihre Idee, einen Brief zu schreiben, wertschätzen. Die Idee wurde verworfen, weil sie spürten, dass der Onkel niemals der Stellvertreter des Vaters sein konnte, und weil sie ihn nicht mit ihrer Geschichte belasten wollten. Während dieser Brief geschrieben wurde, fand eine intensive Auseinandersetzung statt, die noch einmal wichtige Züge des Vaters – schlechte und gute – zum Vorschein brachte. Für Maria war die Beziehung zum Vater befriedet. Sie fühlte sich mit ihm ausgesöhnt, sie fühlte sogar manchmal eine »zerbrechliche Liebe« für ihn. Diese Aussöhnung konnte aber erst stattfinden, als Maria ein sie befriedigendes Leben hatte, als sie Zugang zu ihrer Kreativität gefunden hatte.

Versöhnung durch einen Traum

Gelegentlich wird man auch versöhnlich gestimmt durch einen Traum. Manchmal zeigt sich das Schicksal, mit dem man sich versöhnen muss, in einer aktuellen schwierigen Lebenssituation, die leichter zu bewältigen ist, wenn man in sie einwilligt. Bewältigen muss man sie ja allemal.

Eine 37-jährige Träumerin, Esther, hat vier Kinder, das Jüngste ist gerade ein Jahr alt geworden. Ihr Mann hat sich vor zwei Jahren selbständig gemacht und ist vor einem Monat an einer lebensbedrohlichen Krankheit erkrankt. Esther ist voller Sorgen, sie weiß nicht, wo »ihr der Kopf steht«. Sie versucht, neben der Hausarbeit und den Besuchen bei ihrem Mann im Spital das Geschäft, einen Handwerksbetrieb, mit einem Arbeiter zu organisieren. Sie macht sich Sorgen um ihren Mann, ihre Familie, ihre Zukunft. Ihr Vater, der ihr normalerweise viel Arbeit abnimmt, hat sich gerade einen Knöchel gebrochen.

Esther sagt, sie sei mit Ängsten und Sorgen, aber auch mit einem Gefühl der Auflehnung gegen das Schicksal zu Bett gegangen, habe sich müde und erschöpft gefühlt und dann hatte sie einen Traum, der ihr Lebensgefühl total veränderte:

»Ich weiß, dass ich auf einen Baum klettern muss. Eine gebieterische Stimme sagt das. Ich klettere also auf den Baum, ich bin erstaunt, wie gut ich das noch kann. Oben angekommen heißt es: Jetzt schweben! Ich breite meine Arme aus und mache Flugbewegungen. Schweben!, heißt es erneut. Ich wage zu schweben. Die Luft trägt, ich erinnere mich daran, dass ich das als Kind schon konnte. Ich werde immer mutiger, ich werde immer mehr in die Höhe getragen. Jemand hält mich an der Hand. Es scheint eine Frau zu sein, aber wenn ich hinschaue, sehe ich nur fließende Bewegungen, wie wenn die Frau mit bläulichen Schleiern bekleidet wäre. Dann sehe ich wieder überhaupt nichts, spüre nur eine sichere Hand, die dennoch nicht allzu hart zugreift. Ich fühle mich total frei – und doch gehalten. Es ist ein wunderschönes Lebensgefühl, ich bin total begeistert. Ich will nicht erwachen, erwache aber, weil eines der Kinder ruft.«

Dieser Traum, so die Träumerin, habe ihr Lebensgefühl verändert: Das Gefühl von Freiheit, von Begeisterung sei noch lange zurückgeblieben, und sie könne sich auch immer wieder in diesen Traum hineinfühlen. Der Traum habe sie darauf hingewiesen, dass das Leben nicht nur aus den Schwierigkeiten bestehe, mit denen sie sich im Moment herumschlage. Natürlich gebe es die Ebene der Windeln, der Krankheit, jedoch immer auch noch die »vertikale Ebene«, Freiheit, Leichtigkeit, Gehaltensein, Vertrauen – und einfach viel Freude. Diese Gefühlskomponente war Esther sehr wichtig. Sie sagte nicht, dass der Traum sie ausgesöhnt habe mit ihren Schwierigkeiten, aber sie sagte: »Wenn ich diese Seite in mir spüre, dann kann ich mit den Schwierigkeiten umgehen. Ich bin ja nicht die einzige in der Welt, die es schwer hat.«

Das ist ein wichtiger Aspekt im Umgang mit Lebenssituationen, in denen man mit dem Schicksal hadert. Man hat in solchen Situationen die Tendenz, nur das zu sehen, was schwierig ist, aber nicht mehr das, was auch noch vorhanden ist, was uns Freude macht und uns mit Dankbarkeit erfüllt. Beim Ressentiment ist diese Haltung verabsolutiert und generalisiert.

Der Anstoß, auch andere Aspekte des Lebens zu sehen, was in der aktuellen Situation von Esther wirklich nicht einfach war, kam aus dem Traum. Der Traum kompensierte ihre Stimmung, die sie vor dem Einschlafen hatte, vor allem aber öffnete er wieder den Weg zu Vertrauen, zu Hoffnung, zu Freude.

Beim Nachdenken über den Traum wunderte sich Esther, dass sie auf einen Baum klettern musste, etwas, das sie nur in ihrer Kindheit getan hatte, damals aber mit großem Vergnügen und großer Kletterfähigkeit. Damals war sie auf Bäume geklettert, wenn sie allein sein wollte, wenn sie ungestört träumen wollte. »Ich war dann ein wenig über der Realität.« Und genau das soll sie auch machen: Sich ein wenig über die Realität erheben, sich an eine Ressource erinnern, die noch aus ihrer Kindheit stammt. Es war weniger der Überblick, den man von einem Baum herunter haben könnte, es ging darum, eine neue Ebene zu finden. Die gebieterische Stimme ließ auch keinen Widerspruch zu: »Es war einfach unumgänglich, dass ich auf diesen Baum klettern musste.«

Bäume haben eine weit verzweigte Symbolik, auf die ich hier nicht eingehen will. Der Baum verbindet die Erde mit dem Himmel, wurzelt in der Erde – und wächst in die Höhe. Die Verbindung von Erde und Himmel, dem Horizontalen und dem Vertikalen sind im Symbol des Baumes ausgedrückt, ein Symbol, das oft auch für den Menschen steht in seinem Wachsen durch wechselnde »Jahreszeiten« und Umwelteinflüsse hindurch. Dabei ist die Vertikale, die uns mit der Höhe, dem Himmel, einem luftigeren Lebensgefühl verbindet, in diesem Traum zunächst betont. Deshalb kann die Träumerin auch sagen, dass der Traum ihr deutlich macht, dass noch eine andere Ebene als die Ebene der »Windeln« existiert, der alltäglichen Arbeit, die einfach gemacht werden muss.

Aber nicht genug, dass sie auf eine höhere Ebene gehen soll, sie soll auch schweben und dann fliegen. Esther ist eines der Kinder, die fliegen konnte. Sie wusste einfach, sie konnte fliegen: Wenn es zu schwierig wurde, wenn sie verfolgt werden würde, all das ängstigte sie nicht besonders, denn sie konnte ja wegfliegen. Das durfte sie nur nicht den Erwachsenen sagen, sonst redeten sie ihr das aus, es sei ein Hirngespinst. Aber andere Kinder konnten auch fliegen, und sie konnte fliegen, und sie fand das wunderbar. Sie war ein fantasievolles Kind. Sie konnte auch in den Träumen fliegen, stellte aber fest, dass sie schon sehr lange nicht mehr geflogen war im Traum. Fliegen im Traum verband sie mit größter Freiheit, da jauchzte sie. Am Morgen nach einem Flugtraum fühlte sie sich immer voll Energie, vorausgesetzt, sie konnte irgendwie gut landen. Das Landen war in diesem Traum kein Problem.

Die leichte Berührung ihrer geheimnisvollen Begleiterin beschäftigte Esther sehr: der Widerspruch, gehalten zu sein und sich dennoch ganz frei zu fühlen. Sie machte sich viele Gedanken über diese »Geistfrau« oder diese »Luftfrau«, wie sie sie nannte. Esther verstand diese Gestalt als eine spirituelle Helferin aus einem überirdischen Bereich. Auf jeden Fall gibt es diese Kraft in der Psyche der Träumerin, von der sie bis jetzt keine Ahnung hatte. Innere helfende Gestalten tauchen oft auf in Träumen und Fantasien, wenn es uns wirklich sehr schlecht geht. Hier ist es eine Gestalt, die sie begleitet in der Freiheit, und ihr aber trotzdem das Gefühl gibt, gehalten zu sein. Diese geheimnisvollen Gestalten in den Träumen wecken die Fantasie. Würde man sie zu rasch bestimmen als einen psychischen Inhalt, dem man einen Namen gibt, dann würde man gerade diesen Fantasieprozess, dieses sich immer wieder Beschäftigen mit dieser Gestalt, abschneiden. Das sich immer wieder Beschäftigen mit dieser Gestalt aber bringt die Träumerin immer wieder in Kontakt mit diesem Lebensgefühl von Gehaltensein und Freisein und mit den Gefühlen der Inspiration.

Der Traum behielt über längere Zeit seine Wirkung: Wann immer die Verzweiflung übermächtig werden wollte, erinnerte sie sich bewusst an diese Traumbilder. Natürlich verändert sich auch die emotionale Botschaft, die ein Traum mit sich bringt. Lange blieb der Eindruck, dass das Leben offen ist. Gerade wenn Mitmenschen ihr die unvermeidlich scheinende Katastrophe voraussagten, beharrte sie darauf, dass Leben »offen« sei und es immer auch möglich sei, dass sich eine Lebenssituation wieder öffne. Sie weigerte sich, ihre Zukunft nur unter dem Aspekt der Katastrophe zu sehen. Diese hatte sie zwar durchaus auch im Blick als die schlechteste Möglichkeit – aber sogar dann, sagte sie, wird es Bäume geben, auf die ich klettern kann.

Auch wenn es nicht um die große Versöhnung mit einem schweren Schicksal geht, sondern darum, sich nicht von den Schwierigkeiten einer Situation niederdrücken zu lassen und mutlos zu werden – es gelingt dann, wenn wir unsere Ressourcen aktivieren können. Und es geht natürlich viel leichter bei Menschen, die es sich angewöhnt haben, das Leben mit zwei Augen zu betrachten: den Ärger und die Dankbarkeit, die Trauer und die Freude, den Verlust und den Gewinn.

Sich aussöhnen mit Vorstellungen, die sich nicht erfüllen

So hat sich Klaus das nicht vorgestellt: Sein intellektuell so begabter Sohn hat zwar sein Studium mit sehr guten Noten abgeschlossen, aber jetzt lebt er in Sizilien mit einer Frau und ihren drei Kindern, hilft ihr beim Weinbau, schreibt angeblich ab und zu einen Artikel – und scheint sich wohl zu fühlen. Klaus, der Vater, fühlt sich aber nicht wohl. Er hat sich vorgestellt, dass sein Sohn eine ähnliche Karriere einschlagen wird wie er, dass er erfolgreich sein wird. Und jetzt das! Er kann sich auch nicht vorstellen, dass sein Sohn wirklich zufrieden ist, und ist überzeugt davon, dass er eines Tages diesen »Ausflug nach Sizilien« schwer bereuen wird. Andererseits: Sein Sohn weiß, dass er die Erwartungen des Vaters nicht erfüllt, und beide spüren, dass ihr sonst so nahes Verhältnis belastet ist. Klaus meint, er müsse sich mit dem Lebensstil seines Sohnes aussöhnen. Aber eigentlich ist es gar nicht der Lebensstil, der ihm so sehr missfällt, es ist mehr die Diskrepanz zwischen seiner Vorstellung für das Leben seines Sohnes und dem Leben, das dieser gewählt hat. Natürlich ist Klaus davon überzeugt, dass jeder Mensch das Recht, ja die Pflicht hat, den eigenen Lebensstil zu wählen. Er weiß auch, dass Biografien eigentümliche Wendungen nehmen können, dass das, was zunächst als problematisch erschien, sich durchaus als sehr kreativ und befriedigend herausstellen kann.

Er weiß auch, kann er sich von seiner Vorstellung nicht trennen, wird sich eine Kluft zwischen ihm und seinem Sohn auftun. Aber wie sich trennen von einer solchen Vorstellung? Alle vernünftigen Argumente hat er sich schon vorgesagt.

Er versucht es in einer Imagination. Er stellt sich den Werdegang seines Sohnes vor, ideal natürlich. Er treibt seine Imagination immer weiter voran: die Professur, die richtige Frau, zwei nette Enkel. Die Imagination wird immer weniger lebendig, Klaus sagt plötzlich: Ich wäre vielleicht glücklicher mit diesem Lebensweg, aber er wohl nicht. Schade ist es um die vielen guten Diskussionen, die wir miteinander hätten haben können. Ihm fallen viele inspirierende Gesprächssituationen mit seinem Sohn ein. Es wird ihm bewusst, wie viele Qualitäten sein Sohn als Mensch hat und dass es auch gut sei, wenn er diese Qualitäten auch in andere Beziehungen einbringen könne. Trauer erfüllt seine Stimme: So, wie er es sich vorgestellt hatte, so war es nicht – aber es gibt seinen Sohn ja noch, fällt ihm plötzlich ein. Und vielleicht sogar als interessanter Gesprächspartner! Aber dann hadert er wieder mit der Wahl seines Sohnes: Müsste sein Leben nicht doch etwas intellektueller sein? Der Sohn hat das zu seinem Leben gemacht, was im Elternhaus ausgespart war, er lebt zu einem Teil den »Schatten« seiner Eltern, was er selber so natürlich nicht sehen würde, was aber sein Vater so sieht. Er, Klaus, hätte sich auch nie dafür hergegeben, für drei fremde Kinder »Vater zu spielen«. Seinem Sohn macht das Freude. »Vielleicht«, so Klaus, »ist er liebevoller und großzügiger als ich!«

Der Abschied von der Vorstellung, wie der Sohn sein Leben zu leben habe, die Trauer darüber, bewirkte, dass das Zwingende, das in dieser Vorstellung erlebbar war, verschwand. Der Sohn musste nicht mehr der Vorstellung des Vaters um jeden Preis entsprechen. Die sizilianische Zeit wurde nicht mehr gesehen als eine »Auszeit«, bis das wirkliche Leben beginnt. Um sich von dieser zwingenden Vorstellung verabschieden zu können, musste Klaus aber auch Schattenakzeptanz üben: Werte, die er selber für unwichtig erachtet, können für seinen Sohn wichtig sein. Er musste auch zugeben, dass er manchmal auch gern mit den Händen arbeiten würde. Nach dieser Trennung von der fixen Vorstellung, was denn das gute Leben seines Sohnes sein könnte, konnte Klaus erkennen, dass im Lebensentwurf seines Sohnes auch Qualitäten enthalten sind, die er auch anerkennen kann. Die Beziehung zwischen den beiden wurde wieder wesentlich freier und unbelasteter.

Selbstermächtigung durch Abschied von der Opferrolle

Wenn Mitmenschen uns dazu bringen, uns über sie zu ärgern, wenn sich dieser Ärger so richtig hineinfrisst in unser Leben, dann geben wir den Angreifern und Angreiferinnen große Macht, eine Macht, die ihnen nicht zusteht. Sie beschäftigen unsere Fantasie in einem hohen Maße, wir fühlen uns besetzt, nicht mehr frei – auch nicht mehr frei für die erfreulicheren Aspekte des Lebens. Wir fühlen uns als Opfer. Solange wir nicht verzeihen können, uns nicht versöhnen können, so lange bleiben wir Opfer. Im Zusammenhang mit einer Komplexepisode darüber hinaus noch in der Rolle des angegriffenen Kindes, unbewusst möglicherweise in der Identifikation des Angreifers oder der Angreiferin. Wir sind unversöhnt, leiden unter einem Ressentiment und wir sind die Opfer unserer Kindheit, das Opfer anderer Menschen, das Opfer von Menschen, die uns ungebührlich angreifen. Wenn wir in der Opferposition sind, dann fühlen wir uns unfrei, haben ein schlechteres Selbstwertgefühl, verlieren möglicherweise unsere Würde. Die Erfahrung von Selbstwirksamkeit, die Überzeugung, unser Leben gestalten zu können, etwas zu bewirken in unserem Leben und im Zusammenleben mit unseren Mitmenschen, trotz aller Umstände, ist ein Grundbedürfnis des Menschen. Verzeihen wir einem anderen Menschen, dann begeben wir uns aus der Opferrolle, geben dem anderen Menschen etwas – und gewinnen unsere Würde zurück. Zu verzeihen oder gar zu versöhnen, wenn das möglich ist, ist eine Art der Selbstautorisation: Ich ermächtige mich selber, aus der Opferrolle auszusteigen. Wir ermächtigen uns selber, die Situation und damit auch die Beziehung, neu zu bewerten, sie neu zu gestalten. Der Abschied von der Opferrolle gelingt uns, wenn wir einsehen, dass wir nie nur Opfer, sondern immer auch Täter sind. Dann kann es uns gelingen, dass wir uns sowohl über die Opfer als auch über die Täterrolle erheben und das Angebot machen, trotz allem wieder neu miteinander das Leben zu gestalten. Zu verzeihen, anzubieten sich zu versöhnen, gibt Würde zurück, die durch den Angriff beschädigt worden ist. Wir ziehen uns aus der Dynamik von Opfer und Aggressor heraus, lassen die Sache gut sein und wenden uns wieder neu dem Leben zu.

Ein Plädoyer für die vorübergehende Unversöhnlichkeit

Sich zu versöhnen ist nicht einfach gut. Es gibt Menschen, mit denen man sich nicht versöhnen mag und man bewusst einen Bruch der Beziehung oder zumindest eine große Abkühlung in Kauf nimmt.

Sich nicht zu versöhnen, hält das Unerhörte präsent. Aber man kann sich damit versöhnen, dass die Ungeheuerlichkeit, um die es geht, vorgekommen ist und dass das Leben offenbar so ist, wie es ist, ohne das Entsetzliche zu vergessen. Das heißt nicht, dass man nicht weiter gegen Ungeheuerlichkeiten kämpft, es heißt aber, dass man nicht ständig mit dem Leben zerfallen ist, weil diese Ungeheuerlichkeiten vorkommen. Unversöhnlichkeit in diesem Zusammenhang meint, nicht aufzuhören für das zu kämpfen, was das Leben aller Menschen lebenswert macht, für eine umfassende Freiheit in der Verbundenheit miteinander. Aber nach einer gewissen Zeit des Unversöhntseins kommt doch der Wunsch nach Versöhnung.

Der Faktor Zeit bei der Versöhnung

Zeit heilt Wunden, sagen wir. Natürlich heilt die Zeit keine Wunden, aber damit Wunden heilen können, braucht es Zeit. Und das gilt auch für das Verzeihen und für das Versöhnen.

»Im Moment werde ich mich nicht mit meinem Bruder versöhnen«, sagt ein 40-jähriger Mann, Eberhard. Beim Verkauf des elterlichen Hauses, ihres Erbes, versuchte der Bruder unter der Hand noch etwas mehr Geld zu machen, von dem sein Bruder nichts wissen sollte. Durch einen Zufall kam die Machenschaft ans Licht, und Eberhard war sehr empört. Der Bruder, zur Rede gestellt, war nicht etwa zerknirscht, sondern sagte, das würde doch jeder so machen, der einigermaßen klug sei – und überhaupt habe Eberhard immer mehr Unterstützung von den Eltern bekommen, und es sei ja überhaupt nichts passiert, er habe es ja noch herausgefunden. Und wenn er ihn wirklich hätte betrügen wollen, dann hätte er es intelligenter angestellt, so dass niemand etwas herausgefunden hätte.

Eberhard ist wütend, ist enttäuscht, ist traurig. Zudem fallen ihm noch viele Situationen aus dem gemeinsamen Leben ein, bei denen der Bruder versucht hat, ihn zu übertölpeln. Er schämt sich auch etwas: Er ist immer so gutmütig. Er hat nur diesen einen Bruder. Besonders enttäuscht ist er darüber, dass sein Bruder nichts bereut. Für ihn wäre es einfacher ihm zu verzeihen, wenn er zugäbe, eine Schurkerei versucht zu haben, und er sich dafür entschuldigen würde. Dass stattdessen der Bruder ihn angreift, damit kann er schlecht umgehen: Statt dass der Bruder die Schuldgefühle hat, soll er, das Beinahe-Opfer, die Schuldgefühle haben. Eberhard weiß sehr genau: Im Moment wird er sich mit seinem Bruder nicht versöhnen. Er hat den Kontakt abgebrochen. Aber er kann sich vorstellen, sich eines Tages mit ihm doch wieder zu versöhnen. Was müsste geschehen?

»Ich brauche jetzt einfach zunächst einmal Zeit. Nach einiger Zeit, werde ich es ein wenig vergessen haben, und mein Bruder kommt vielleicht zur Vernunft und entschuldigt sich – na ja, keine wirkliche Entschuldigung, die bekommt man von ihm nicht. Er kann nicht wirklich zugeben, dass er einen Fehler gemacht hat. Aber so eine brüderliche Abbitte, mit einem Knuffen oder so. Aber auch wenn er so stur bleibt, wie er sich jetzt gibt, werde ich mich eines Tages mit ihm versöhnen, weil er mein einziger Bruder ist und weil wir eine Geschichte miteinander haben. Ich werde vorsichtig sein: Es ist damit zu rechnen, dass er mich wieder betrügt, aber ich werde mich versöhnen.«

Eberhard ist vor allem der Ansicht, dass die Zeit ihm helfen wird, dass er vergessen wird, dass es ihm nicht mehr so wehtun wird. Er ist wütend, er ist traurig, er findet das Verhalten seines Bruders im Moment unverzeihlich. Er mag es überhaupt nicht, dass der Bruder ihn für nicht klug hält. Aber er weiß, er wird darüber hinwegkommen und der Kontakt, zumindest ein gewisser Kontakt, ist ihm wichtig.

Vergessen wir eine solche Kränkung? Kann man wirklich darauf vertrauen, dass eines Tages »Gras darüber gewachsen ist« wie bei einer Wunde in einer Landschaft? Es ist nicht einfach das Vergessen an sich. Dadurch, dass wir neue Erfahrungen machen im Leben, werden auch solche kränkenden Erfahrungen relativiert, besonders dann, wenn wir auch gute Erfahrungen machen, die unser Selbstwertgefühl stützen. Wir machen ständig neue Erfahrungen, entwickeln auch neue Wertvorstellungen, neue Interessen, neue Ziele. Und unter diesen neuen Erfahrungen sind auch gute Erfahrungen. Erlebt man indessen das Leben nur unter dem Aspekt dieser Kränkung und erlaubt man dieser einen Kränkung, verbunden mit entsprechenden ähnlichen Kränkungen, die sich mit ihr noch verbinden, Mittelpunkt des Lebens zu sein, dann können keine neuen guten Erfahrungen gemacht werden, und dann heilt die Zeit keine Wunden. Eberhard versteht sich eher als versöhnlicher Mensch. Er weiß, dass er sich versöhnen wird, aber er kann nicht sagen, wann das sein wird. Vielleicht wird er die Sache einfach auf sich beruhen lassen, es gut sein lassen, und wieder vorsichtig einen Kontakt aufnehmen.

Hass und Hässliches

Hat der Hass vielleicht doch einen Sinn? Lässt uns der Hass die Schönheit suchen? Oder macht Hass bloß hässlich? Oder demaskiert Hass Oberflächliches, allzu Glattes?

Das Hässliche ist hassenswert. Und wenn wir das Hässliche hassen, dann müssen wir es verändern, müssen das Schöne freilegen. So Peter Handke.[66] Er ist der Ansicht, wir seien für unsere Hässlichkeit selber verantwortlich, für die Hässlichkeit unserer Städte – es sei sozusagen eine Nachlässigkeit. Der Hass auf die Hässlichkeit soll uns dazu bringen, das

Schöne zu suchen, oder uns zumindest darüber bewusst zu werden, dass es hier ein Problem gibt. Denn aus dem Hass wird die Gewalt, aus dem alltäglichen Hass die alltägliche Gewalt. Die Schönheit und das Schöne im Menschen geht unter.

Hass macht aber auch hässlich. Menschen, die andauernd hassen, werden hässlich. Ihr Ausdruck ist ein Ausdruck der Verachtung, des Ekels, der Vernichtung. Das ist nicht schön. Die Atmosphäre des Hässlichen verdirbt die Freude. Es gibt so viel Hässliches in der Welt. Muss man es hassen? Man muss nicht: Man kann es bekämpfen, beklagen, hinnehmen, aber man muss es nicht hassen. Man gibt dem Hässlichen nicht so viel Macht über sich, man will nicht ständig vom Gefühl des Hasses bestimmt sein, das Hässliche aber dennoch sehen und auch dort bekämpfen, wo es bekämpft werden kann. Das kann gelingen, wenn man um das Hässliche weiß als etwas, das in unserer Welt vorkommt und das zu bekämpfen ist, das bekämpft werden kann.

Also muss man zunächst doch hassen, profund und nachhaltig nicht einverstanden sein damit, es zerstören, eliminieren wollen. Der Hass schafft Abstand; er kann eine Situation freilegen, wie sie wirklich ist, und belässt sie nicht so, wie wir sie, etwas geschönt, gern sehen. Der Hass kann den Schleier der Verstellung, des Zudeckens, für einen Moment zerreißen. Ein Moment der Wirklichkeit, die auch gilt. Es ist nicht die einzige Wirklichkeit, aber vielleicht die, die wir am ehesten verdrängen, die wir nicht sehen wollen. Bleiben wir aber im Hass stecken, dauert er länger als notwendig, um etwas Wichtiges freizulegen, dann sind wir hasserfüllt und diese Perspektive wird sich leicht verabsolutieren. Da wird dann nicht mehr etwas oberflächlich Schönes zerrissen, um einer differenzierteren Wirklichkeit zur Existenz zu verhelfen, da wird die Wirklichkeit der Brutalität an die Stelle der Wirklichkeit auch des Schönen gesetzt.

Wenn wir hassen, dann sind wir Einzelne, wir stellen uns den anderen Menschen gegenüber. Deshalb brauchen wir dann auch die Brücke der Versöhnung. In diesem Gegenüberstehen können wir auch die Situation gründlich wahrnehmen, erleben uns als Einzelne. Hass als »Befreier der Individualität«, wie es C. E. Cioran[67] sieht?

Der Gedanke irritiert und überzeugt zugleich. Ärger ist die Emotion, die wir für die Selbsterhaltung und die Selbstentfaltung brauchen, das heißt aber auch, um die Individualität und die Identität zu schützen. Also Ärger im richtigen Moment, statt Hass. Oder Hass als Anzeichen dafür, dass man in größter Gefahr ist, die eigene Individualität zu verlieren, vielleicht, weil man mit dem Ärger nicht umgehen konnte.

Auch der Hass, wenn er nicht zu einer Daueremotion wird, hat seinen Sinn. Auch er zeigt uns etwas Wichtiges: Er kann uns dazu führen, den Verhältnissen mehr auf den Grund zu gehen, als wir dies normalerweise tun. Er muss aber durch die Liebe zum Schönen ergänzt sein, soll dieses »Zerreißen der Oberfläche« nicht destruktiv werden. So falsch wir die Welt und die Mitmenschen sehen, wenn wir ganz vom Hass dominiert sind, so falsch können wir sie auch sehen, wenn wir den Hass nicht zulassen.

Die zeitweilige Unversöhnlichkeit

Es geht beim Versöhnen um den richtigen Zeitpunkt. Man braucht Zeit, um sich mit einer Kränkung, einer Beeinträchtigung des Lebensgefühls auseinander zu setzen, sie zu verarbeiten und sie richtig einzuordnen, gefühlsmäßig und gedanklich. Das Gefühl des Entzweitseins ist dabei sehr wichtig. Die Versöhnung will ja neu wieder den Dialog, will in der Beziehung wieder die Nähe, will dass ein »Wir« wiederhergestellt wird, dass man sich wieder vertraut. Versöhnen kann man sich nur dann, wenn man sich auch entzweit hat, wenn man sich unversöhnlich gegenübergestanden hat. Es ist sinnvoll, die Verletzungen wahrzunehmen und sie in die Verantwortung zu nehmen. Es ist sinnvoll, den Ärger als ein sinnvolles Gefühl zu verstehen, es ist sinnvoll, auch den Hass in seinem Sinn zu verstehen, wenn wir ihn denn erleben. Versöhnen wir uns zu rasch, kann der Konflikt nicht wirklich wahrgenommen werden, es kann nicht wahrgenommen werden, dass eine Kluft zwischen Menschen besteht, dass ein Problem, eine Kränkung, bearbeitet werden muss. Die kreative Spannung, die in einem Konflikt liegt, kann nicht erlebt werden.

Um sich versöhnen zu können, muss jeder der Beteiligten bei sich selber einen Verarbeitungsprozess durchmachen. Was ist geschehen? Bin ich gekränkt? Hasse ich? Bin ich überempfindlich? Spielt ein »altes« Thema mit? Was ist nicht in Ordnung, was ist nicht gerecht? Kann ich es in Ordnung bringen? Kann ich verstehen? Verzeihen? Dem anderen Menschen, mir selber, beiden? Muss ich mich anders einstellen? Ich werde trauern um das, was ich verloren habe. Will ich mich neu wieder einlassen? Ist es mir die Beziehung wert, das Risiko von neuer Enttäuschung einzugehen? Was habe ich zur Situation beigetragen? Diese Klärungen sind auch deshalb wichtig, weil sich sonst ähnliche Situationen immer wieder wiederholen, ohne dass sie wirklich gelöst werden, und dann zu einem Ressentiment führen können. Ressentiments entstehen nicht nur bei sehr schweren Kränkungen, sondern auch bei Kränkungen, die sich in ähnlicher Weise immer wieder ereignen und nicht angesprochen werden können. Erst nach diesen Klärungen, und die brauchen Zeit, kann man verzeihen und sich allenfalls auch versöhnen. Im Hass, auch wenn wir etwas blind sind, einen Tunnelblick haben, können wir einen Aspekt besser sehen, als wenn wir nicht hassen. Der Irrtum, dem wir hassend unterliegen, besteht darin, dass wir diese aus dem Hass geborene für die einzige richtige Sichtweise halten. Dabei deckt sie nur unseren Tunnelblick ab, keineswegs die ganze Realität. Es geht darum, wieder mehr Perspektiven des Vorgefallenen zu sehen.

Fehlformen des Verzeihens und Versöhnens

Pseudoverzeihen

Rolf (42) gibt seiner Frau immer wieder zu verstehen, dass er sie aus Mitleid geheiratet hat, dass er eine viel bessere Partie hätte machen können. Er denkt laut darüber nach, wie sein Leben geworden wäre, hätte er eine andere der zahlreichen Frauen geheiratet, die sich für ihn interessiert haben. Käthi, seine Frau, leidet, wenn er wieder seine »Launen« hat, wie sie dieses sie sehr kränkende Verhalten verharmlosend nennt. Sie gibt sich dann besondere Mühe, Rolf zu gefallen. Es gelingt ihr aber zunehmend schlechter, sie erlebt sich als lethargisch, als antriebslos, ist ständig krank. Sie kann das Beziehungsproblem, unter dem sie leidet, gut beschreiben, fügt aber an: »Glücklicherweise bin ich ein sehr versöhnlicher Mensch! Sonst wäre diese Beziehung schon längst gescheitert.« So hält Käthi ihr Selbstwertgefühl aufrecht: Durch ihre Versöhnlichkeit kann sie ihre Beziehung erhalten. Dass sie in dieser Beziehung ständig abgewertet wird, in ihrer Würde nicht gesehen wird, dass die Beziehung für sie letztlich krank machend ist, sieht sie nicht.

Das ist typisch für Menschen, die zu früh verzeihen, die zu versöhnlich sind. Der Ärger über ein bestimmtes Verhalten wird nicht ernst genommen, sondern ins Gegenteil verkehrt: Eigentlich ärgert man sich schon, aber man gibt sich versöhnlich. Damit vermeidet man es, die Verletzung, den Schmerz, die Wut, das beeinträchtigte Selbstwertgefühl, möglicherweise verbunden mit Scham und Neid wahrnehmen zu müssen. Man muss aber auch nicht die Beziehung riskieren, indem man das Problem anspricht, man muss das Problem nicht in die Verantwortung nehmen, man braucht sich nicht zu fragen, wie man mit dieser Situation vernünftig umgeht, so dass beide daraus lernen. Wer sich so überaus versöhnlich gibt, ist nicht eigentlich versöhnlich, sondern sehr ängstlich. Dies ist die aus der Angst geborene Beziehungsidee: Wenn ich nicht ständig gute Miene zum bösen Spiel mache, dann liebt man mich nicht mehr, dann werde ich verlassen. Nun gibt es Menschen, die Zuwendung nur dann geben, wenn man sich ihnen unterwirft; das sind aber keine eigentlichen Beziehungen, sondern Besitzverhältnisse, die wenig nährend sind. Wer zu früh verzeiht, unterwirft sich dem anderen Menschen. Es kann sich dabei auch um eine projektive Unterwerfung handeln: Man stellt sich vor, dass der andere Mensch von einem will, dass man verzeiht, dass man versöhnlich handelt, obwohl das gar nicht der Fall ist.

Auch in diesem Zusammenhang ist an eine Komplexepisode zu denken. Man hat als Beziehungsmuster gelernt, dass man einigermaßen akzeptiert ist, wenn man sich dem anderen Menschen unterwirft.

Menschen mit einem leicht zu verunsichernden Selbstwertgefühl, verbunden mit wenig Vertrauen in menschliche Bindungen, kompensieren ihr Problem mit einer großen Abhängigkeit von ihren Beziehungspersonen oder aber auch von Idealen. Die Abhängigkeit löst unterschwellig Ärger, Neid und Schamgefühle aus. Diese Gefühle dürfen aber nicht ausgedrückt werden, weil sonst die Beziehung in Gefahr geraten die und vermeintliche Sicherheit eingebüßt würde.[68] Daraus kann eine große Pseudoversöhnlichkeit entstehen oder auch ein Pseudoaltruismus. Beides löst in den Interaktionspartnern nichts Versöhnliches, sondern weiteren Ärger und ärgerbedingte Aggression, auch eine Distanzierung aus. Die Nähe, die gesucht wird, wird gerade nicht gefunden.

Unbewusst können auch Emotionen wie Neid und Eifersucht, die aus den Konflikten mit den Geschwistern stammen, als schuldhaft erlebt werden und in einer Beziehung unbewusst abgewehrt werden, indem man zu früh verzeiht, etwa in Konflikten mit den erwachsenen Geschwistern.

Dieses zu frühe Verzeihen kann zu einem exzessiven Verzeihen werden. Es kann zu einem psychischen Verhalten werden, bei dem Leid und Schmerz geradezu gesucht wird. Entscheidungen werden getroffen, die diese Menschen offensichtlich beeinträchtigen, man gewinnt den Eindruck, dass es für sie wichtig ist, als Opfer dazustehen. So sind sie denn auch ein Opfer der Ungerechtigkeiten der anderen Menschen, ohne dass sie sich wehren. Sie unterwerfen sich, um sicher sein zu können, dass die Beziehung bestehen bleibt. Andere unterwerfen sich, um nicht unterworfen zu werden. Es ist ihnen angenehmer, aktiv das schlechte Schicksal herbeizuführen, das sie sonst – so denken sie – passiv erleiden würden.

Das zu frühe Verzeihen ist oft ein Pseudoverzeihen. Von der Rede her verzeiht man, nicht aber vom Gefühl her. »Ich verzeihe dir«, sagt da jemand, ohne innerlich den Groll abzulegen, und bewahrt die Situation gut im Gedächtnis, um sie eines Tages wieder präsentieren zu können, sich nachträglich noch entschädigen zu lassen oder gar Vergeltung zu üben.

Ein alter Vater bräuchte dringend die Hilfe seines Sohnes für eine Arbeit an seinem Haus. Der Sohn, der die Hilfe zwar immer wieder anbietet, ist gerade unabkömmlich. Ein Freund macht den Vater darauf aufmerksam, dass das eigentlich oft so sei: Sein Sohn sei nicht da, wenn er ihn dringend brauche. Der Vater darauf: »Das stimmt schon, aber er ist viel beschäftigt, ich trage ihm das nicht nach.« In eine Art Agenda trägt er am Abend ein, dass sein Sohn heute wiederum nicht geholfen hat. Fünf Seiten mit solchen Einträgen hat er bereits. Dem Sohn gegenüber gibt er sich versöhnlich. »Ich weiß doch, dass du mich nicht im Stich lassen würdest, wenn du nicht selber so im Druck wärst.« Seine Wortwahl spricht eine deutliche Sprache, aber beide, Vater und Sohn, machen sich vor, dass die Sache in Ordnung ist. Aber eines Tages wird die Buchhaltung des Vaters wohl eine Wirkung zeigen. Vielleicht genügt es ihm aber auch, diese geführt zu haben.

Dieser Vater und viele andere Menschen mit ihm, halten verzeihen zu können für wichtig und auch für ein Zeichen seelischer Reife. Das ist sicher richtig, betrifft aber nicht dieses vorschnelle Pseudoverzeihen. Das Verzeihen kann aber auch als notwendig erachtet werden, um eine Nähe wiederherzustellen, die für den einzelnen Menschen wichtig ist, um sich in einem Netz von wohlwollenden Beziehungen geborgen zu fühlen. Um die jeweils für den einzelnen Menschen notwendige Nähe zu einem bestimmten Menschen wiederherzustellen, kann verziehen werden, ohne wirklich zu verzeihen. Der Groll bleibt, vielleicht sogar das Ressentiment. An der Oberfläche ist verziehen worden, aber die unterschwellige ärgerliche und aggressive Stimmung bleibt. Das Problem, der Konflikt ist nicht gelöst, nichts ist wirklich in Ordnung gebracht worden. Wenn Menschen dieses Pseudoverzeihen praktizieren, haben sie sich selber nicht wahrgenommen oder nicht ernst genommen in ihrem Verletztsein, in ihrem Beeinträchtigtsein.

Auch bedeutendere Verluste im Leben können oberflächlich »verziehen« werden. Ein Mann, der seinen Sohn bei einem Motorradunfall verloren hat, sagt nüchtern: »Das Leben ist halt so. Ich bin deshalb mit dem Leben nicht zerfallen.« Ein Jahr später macht er einen Suizidversuch: In diesem brutalen Leben könne man doch gar nichts anderes machen als sich umzubringen, war sein Kommentar. Er hatte sich mit der Verzweiflung, mit der Wut, die der Tod seines Sohnes in ihm ausgelöst hatte, nicht auseinander gesetzt – zu rasch willigte er oberflächlich in den Verlust ein.

Menschen, die vorschnell verzeihen, trauern nicht und setzen sich nicht mit dem Schatten auseinander – auch nicht mit ihrem eigenen. Und deshalb sehen sie uneingestanden die Welt und damit auch ihre nahen Beziehungspersonen als bösartig und sind immer bereit, ihnen das Schlimmste zuzutrauen: Misstrauen ist für sie angesagt.

Bei Menschen, die oberflächlich verzeihen, fühlt sich dieses Verzeihen auch nicht richtig an: Sie sagen zwar die richtigen Wörter, aber diese bringen keine Entlastung, wie man sie normalerweise spürt, wenn uns jemand verzeiht. Man spürt zumindest eine Ambivalenz: Der Mensch möchte zwar verzeihen, kann sich aber von seinem Groll nicht trennen. Deshalb kann auch der, dem verziehen worden ist, der Sache nicht wirklich trauen. Bei gegebenem Anlass kommt dann die

»Mördergrube« auch zum Vorschein: in ewigen Sticheleien, dramatischer und eindrücklicher in Abrechnungen, bei denen jahrelange Versäumnisse, die eigentlich immer wieder verziehen worden sind, aufgelistet werden. Sie waren vielleicht verziehen, aber nicht vergessen. Und zum Verzeihen gehört auch das Vergessen. Man muss sich dann nur daran erinnern, was man vergessen wollte, und dass man es auch vergessen wollte. Natürlich wird man sich in vergleichbaren Konfliktsituationen wieder erinnern, was geschehen ist, man wird sich auch sonst gelegentlich – miteinander – an eine schwerwiegenden Konflikt erinnern, mit dem Vorsatz, das daraus Gelernte nicht zu vergessen. Nur sollte man sich auch daran erinnern, dass man verziehen hat, dass man sich trotz allem wieder neu eingelassen hat auf die Beziehung. Das aber ist nicht möglich, wenn wir verfrüht verzeihen oder wenn wir bloß so tun, als ob wir verziehen hätten.

Mit dem Pseudoverzeihen hat man, ähnlich wie mit dem verfrühten Verzeihen, bewusst oder eher unbewusst die Intention, eine Beziehung nicht zu gefährden, eine Trennung zu vermeiden. Man traut sich nicht zu, den Konflikt auch wirklich anzusehen, mit der Kränkung umzugehen oder aber auch die notwendige Distanz auszuhalten.

Die Unfähigkeit, Verzeihung anzunehmen

Ein Mann, 65, hat in seinem Leben viele Außenbeziehungen gehabt. Er fand, das stehe ihm zu. Seine Frau litt darunter, arrangierte sich aber schließlich damit. Anlässlich einer schweren Erkrankung litt der Mann unter großen Schuldgefühlen. Er »beichtete«, wie er sagte, seiner Frau alle seine »Seitensprünge«. Sie sagte ihm, das sei ihnen beiden doch alles nicht neu, diese Probleme hätten sie miteinander durchgestanden, sie sei sehr verletzt gewesen, gekränkt, wütend, aber sie habe sich doch für das Leben mit ihm entschieden und nicht damit gerechnet, dass er keine Seitensprünge mehr machen würde. Sie habe ihm verziehen und sie verzeihe ihm auch jetzt. Ihr

Mann aber konnte die Verzeihung nicht annehmen. Er beharrte darauf, dass es doch unmöglich sei, so etwas zu verzeihen. Er selber hatte nun, geschwächt wie er war, auch verbunden mit der Angst, jetzt, da er seine Frau dringend brauchte, könnte sie »es« ihm heimzahlen, ein großes Unrechtsbewusstsein. Ihm war aber nicht klar, dass er sich mit sich selber versöhnen musste. Er meinte, das Problem müsste in der Beziehung zu seiner Frau gelöst werden – und wie immer sie zum Ausdruck brachte, dass sie ihm verziehen hatte, es kam bei ihm nicht an. Er konnte die Verzeihung nicht annehmen.

Man kann Verzeihung anbieten, aber der andere Mensch muss auch die Verzeihung akzeptieren. Das kennen wir schon von der Entschuldigung. Wir können uns entschuldigen, Abbitte leisten. Wird aber diese Entschuldigung nicht angenommen, so bleiben wir in der Schuld. Das Verzeihen geht noch einen Schritt weiter: Die Entschuldigung wird nicht nur angenommen, sondern man bringt zum Ausdruck, dass man die Sache gut sein lassen kann, dass man akzeptieren kann, dass es war, wie es war, dass solche Ereignisse zwischen Menschen geschehen können und dass man es ihnen nicht gestattet, eine Beziehung auf längere Zeit zu zerstören.

Es gibt Menschen, die gar nicht glauben können, dass man ihnen verzeiht, oder gar, dass man sich mit ihnen versöhnen möchte. Sie können ihre Schuldgefühle nicht loslassen. Die Reue hat sich bei ihnen in Form von Schuldgefühlen festgefressen. Da sie es sich selber nicht verzeihen können, dass sie gehandelt haben, wie sie gehandelt haben, können sie auch nicht daran glauben, dass andere Menschen ihnen verzeihen und ihre Schuld verzeihbar ist. Sie bleiben unter der Dominanz einer verurteilenden inneren Instanz, die kein Verzeihen, kein Vergessen kennt. Auch hier kann man eine eingebrannte Komplexepisode denken: Eine immer wieder gemachte Erfahrung, die verinnerlicht worden ist, von einer Beziehungsperson, die schuldig gesprochen hat, und einem Kind, das dieser Schuld nicht entrinnen konnte, ihr aber so gern entronnen wäre. Bleibt man verstrickt in den Schuldgefühlen, ist man identifiziert mit dem Angreifer in der Komplexepisode, spricht sich also ständig und unwiderruflich schuldig. Selbst wenn Menschen, die so reagieren, sich moralisch »hochwertig« vorkommen: Auch sie nehmen den Konflikt nicht wirklich in die Verantwortung, auch sie blockieren das Problem. Wahrscheinlich mangelt es ihnen daran, sich vorstellen zu können, wie andere Menschen denken und fühlen. Sie projizieren ihre Sicht der Dinge in den anderen Menschen. Weil sie sich nicht verzeihen können – und wahrscheinlich selber auch anderen Menschen nicht verzeihen können, das könnten die »Als-ob-Verzeiher« –, können sie sich nicht vorstellen, dass es wirklich Menschen gibt, die verzeihen können und auch bei ihrem Verzeihen bleiben. Deshalb bleiben sie auch den anderen Menschen etwas schuldig: das mitmenschliche Wohlwollen, die prosozialen Gefühle. Mit ihnen lässt sich nur schlecht ein Wirgefühl aufbauen.

Die Unfähigkeit, um Verzeihung zu bitten

Wer um Verzeihung bittet, gibt zu, etwas falsch gemacht zu haben, gibt zu, etwas zu bereuen, muss also sein schattenhaftes Verhalten akzeptieren, benennen und zur Diskussion stellen. Wer von sich selber verlangt, perfekt zu sein, unfehlbar, kann nicht um Verzeihung bitten. Er oder sie wird den Fehler beim anderen Menschen suchen, den eigenen Anteil nicht sehen und erwarten, dass der andere um Verzeihung bittet. Für viele Menschen ist das Bitten um Verzeihung ein Eingeständnis der eigenen Schwäche, würde sie zutiefst beschämen. Eine Möglichkeit, der Scham zu entgehen, ist es, andere zu beschämen, denn das Eingeständnis der eigenen Schwäche würde das Selbstwertgefühl gefährlich beeinträchtigen, wäre mit großer Scham verbunden.

Die Unfähigkeit, um Verzeihung zu bitten, kann das Erbe einer Kindheit sein, in der einem nicht verziehen wurde, einer Kindheit, die von wenig Wohlwollen und Einfühlung in das Kind gekennzeichnet war. Es kann eine Kindheit gewesen sein, in der der Perfektionsanspruch notwendig zum Überle-

135

ben gebraucht wurde, es eine Leistung war, so perfekt wie möglich zu werden, um diesen beschämenden Situationen zu entgehen, in denen man Verzeihung gebraucht hätte, sie aber nicht bekommen hat. Es waren Situationen, in denen man in Scham, Schmach und Schuld stehengelassen wurde. Wenn diese Menschen später nicht Beziehungen haben, in denen um Verzeihung gebeten wird, in denen auch um Verzeihung gebeten werden kann und man auch Verzeihung bekommt, erfahren sie also keine korrigierenden Beziehungserfahrungen, so werden sie schlecht um Verzeihung bitten können.

Die Unfähigkeit, um Verzeihung bitten zu können, beruht auf der tief sitzenden Überzeugung, keine Verzeihung zu bekommen, das Wohlwollen der Mitmenschen nicht zu bekommen, nicht angenommen zu sein in der Schwäche, in den schattenhaften Seiten. Und deshalb kann man auch nicht um Verzeihung bitten, macht sich vor, dass es auch gar keinen Grund gibt, um Verzeihung zu bitten, um so der doppelten Scham zu entgehen – der Scham über das fehlerhafte Verhalten und der Scham darüber, dass man die Verzeihung, um die man bitten würde, nicht bekommen würde. Diese doppelte Scham aber würde einen vernichten. Und so können sie, weil sie sich selber ihre Schwächen nicht verzeihen können, auch andere nicht um Verzeihung bitten. Sie werden dadurch immer einsamer.

Zu unterscheiden von der Unfähigkeit, um Verzeihung zu bitten, ist die Unwilligkeit eines Menschen, der normalerweise um Verzeihung bitten kann, in einer speziellen Situation um Verzeihung zu bitten. Fehlt die Einsicht in eine Verfehlung, die vom Kontrahenten benannt wird mit der Forderung nach einer Entschuldigung, so wird man nicht einsehen, warum man sich entschuldigen soll. Man wird möglicherweise sogar wähnen, dass der andere mit dieser Forderung einer Entschuldigung in der Beziehung bloß dominieren möchte, dass es also um das Spiel von Dominanz und Unterwerfung geht. Darum geht es natürlich immer wieder einmal, und das ist auch der Grund, warum wir unsere Entschuldigungen, vor allem aber unsere Bitten um Verzeihung sehr sorgfältig formulieren, nämlich so, dass wir uns nicht unterwerfen. Die Bitten um Verzeihung betreffen immer eine spezifische Situation, in der wir einen Fehler gemacht haben. Sie betreffen aber nicht uns als ganze Personen.

Die Unwilligkeit, um Verzeihung zu bitten, kann auch dadurch entstehen, dass man die Distanz zu diesem Menschen aufrechterhalten will, den Konflikt nicht bereits lösen will und ihn nicht als wirklich bereinigt erlebt.

Verzeihung einfordern

Karin, 28, hat ihrem Partner etwas unfreundlich die Zeitung hingeworfen. Er schaut sie erstaunt fragend an. Sie entschuldigt sich wortreich. »Es tut mir wahnsinnig Leid, dass ich so unfreundlich war. Bitte verzeih mir.« Bert: »Das ist doch nicht der Rede wert!« Karin: »Bitte verzeih mir, ich muss spüren, dass du mir verzeihst.« Bert: »Ich verzeihe dir.« Karin: »Bitte verzeihe mir so, dass ich es auch richtig spüre.« Nun wird Bert ärgerlich. »Immer dieses übertriebene Schuldgefühl!« Jetzt ist Karin ärgerlich und verlangt eine Entschuldigung. Die kommt nicht. »Ach, ich mache immer alles falsch! Bitte verzeih mir!…«

Es gibt Menschen, die geradezu aggressiv das Bedauern über ihr Fehlverhalten zeigen, sich ständig dafür entschuldigen und ständig exkulpiert werden wollen. Ihnen soll andauernd verziehen werden. Dass es so nicht funktioniert ist daran zu sehen, dass dieses Verhalten geradezu automatisiert ist und auch das Verzeihen, wenn es denn erfolgt, keine entlastende Wirkung hat. Irritierend ist für die Mitmenschen die aggressive Form, in der die Menschen sich selber bezichtigen. Die Aggression, in der die Energie enthalten wäre, sich selber zu verändern, wird benutzt, um dem anderen unterschwellig zu signalisieren, dass er eigentlich schuld ist an der ganzen Misere. Diese Menschen bitten nicht um Verzeihung, sie fordern sie.

Man gewinnt den Eindruck, dass diese Menschen nicht

wirklich spüren, ob wirklich ein Fehlverhalten vorliegt, und wenn, was es in der Beziehung bewirkt. Sie möchten aber von der Last ihres Fehlverhaltens rasch befreit werden. Sie gehen nicht in sich, sie nehmen ihre Gefühle in der Situation nicht wirklich wahr, sie überlegen nicht, was geschehen ist, sie trauern nicht – sie fordern, dass das schattenhafte Verhalten, das sie ständig auszeichnet, ihnen vom anderen Menschen verziehen und dadurch auch weggenommen werde. Das tun wir in der Regel ja auch: Zeigt uns ein Mitmensch – reuig – wie sehr er unter seinem schattenhaften Verhalten leidet, werden wir in der Beziehung zu ihm dieses zwar nicht verharmlosen, aber als etwas Menschliches anerkennen und die Beziehung nicht aufkündigen. Indem wir diesen schattenhaften Aspekt anerkennen, kann auch der verschattete Mensch diese Seite anerkennen. Das ist eine Gabe der Mitmenschlichkeit, des Wohlwollens und der Liebe. Wir sind aber nicht bereit, das zu tun, wenn das von uns gefordert wird, wenn es eine Pflichtleistung wird und wir nicht spüren, dass wir hier freiwillig einem Menschen etwas geben können. Es fehlt uns die Reue, es fehlt uns das Leiden, es fehlt uns die Überzeugung, dass ein Mensch hier für ein Fehlverhalten die Verantwortung übernimmt. Dies erleben wir umso mehr, wenn mit der Forderung der Hinweis verbunden ist, dass sie – wegen der Umstände, wegen einer schlechten Kindheit – nicht anders können, also ein Anrecht darauf haben, dass ihr Verhalten entschuldigt wird. Diese Bitte um Verzeihung ist zwiespältig: Eigentlich ist es keine Bitte um Verzeihung, sondern eine Forderung, der man nachkommen sollte und der man nie gut genug nachkommt. Da oft nicht klar ist, warum es denn so wichtig ist, dass verziehen wird, entsteht Ärger – wie in meinem Beispiel. Man wird den Gedanken nicht los, dass ein Problem des Ärgers, vielleicht auch ein Problem des Neides im Raum steht, dieses aber nicht benannt wird. Man fordert sozusagen einen Blankoscheck vom Partner oder der Partnerin. Das Verzeihen soll natürlich diesen Menschen darin versichern, dass er geliebt wird, dass ihm verziehen wird, dass man ihm die Probleme nicht übel nimmt. Es erinnert etwa an Kindererinnerungen: Bevor man beichtet, was man angestellt hat, versichert man sich bei den Eltern, dass man nicht bestraft werden wird. Menschen, die aggressiv die Verzeihung fordern, würden sich selber niemals als aggressiv sehen, sondern als Opfer, als Bittsteller.

Karin sagt von sich, sie leide darunter, dass sie »fast alles ständig falsch« mache, dass sie liebevoll sein wolle und die anderen das dann gar nicht in der Weise wahrnehmen würden, wie sie es gemeint hat. Sie ist immer wieder erstaunt, dass Menschen sich von ihr abwenden, mit ihr nichts zu tun haben wollen. Sie begegnet vielen ärgerlichen Menschen, ist aber der Ansicht, das sei deren Problem. Ihren Anteil sieht sie nicht. Im aggressiven Fordern, das die Umwelt sehr wohl wahrnimmt und oft mit Kontaktabbruch beantwortet, läge die Aggression, die Entschlossenheit, die Karin bräuchte, um ihr Leben aktiv zu gestalten und aus der Opferrolle herauszutreten.

Die Unfähigkeit zu verzeihen: Chronische Hasser

Chronische Hasser sind bestimmt von einer Komplexepisode, die sie mit großem Unrecht in Verbindung bringen, einem Unrecht, das sie erlebt haben. Sie sind mit großer Wahrscheinlichkeit in der Kindheit hass- und aggressionserfüllten Situationen ausgesetzt gewesen, sie zeigen Komplexepisoden wie Karl (siehe Seite 86 ff.), die das nahe legen: Der Erwachsenenpol des Komplexes wird beim Erzählen schwieriger Beziehungsepisoden von einem hasserfüllten Menschen eingenommen, dem zerstörerische Absichten zugeschrieben werden, der Kindpol von einem Kind, das sich zu Tode ängstigt. Diese Komplexepisode hat sich generalisiert: Sie erfahren und verstehen das Leben als Dynamik von Opfer und Angreifer, sie nehmen das, was geschieht, auch unter diesem Raster wahr. Dabei ist es leichter erträglich, sich mit dem hasserfüllten Erwachsenenpol zu identifizieren, also zu hassen und auf Zerstörung zu sinnen, als sich mit dem sich ängstigenden Kindpol zu identifizieren. Bewusst ist den chronischen Hassern allerdings nur die Opferrolle. Erfahrungen, die ihre Lebenserfahrung des Beeinträchtigtseins bestätigen, werden genau wahrgenommen, solche, die sie korrigieren würden, übersehen. So verfestigt sich die Erfahrung des Opferseins immer mehr. Sie sind aber auch Hasser: Sie hassen diese Situationen, sie generalisieren auch den Hass und hassen die ganzen »Umstände«. Verbunden mit dem Hass ist ein großer Neid auf »alle« anderen. Chronischen Hass findet man im Zusammenhang mit schweren Persönlichkeitsstörungen.

Eigentlich leiden diese Menschen, ihr Leiden aber wehren sie ab mit chronischem durch nichts zu beschwichtigendem Hass. Sie sind identifiziert mit der Angreiferposition, ohne dass sich etwas verändert. Geht man von der Komplexepisode aus, dann wäre eine Veränderung nur dadurch möglich, dass sie sich auch mit der Position des Opfers wirklich identifizieren würden, dass sie leiden würden, dass sie trauern würden, dass sie aber auch anerkennen würden, dass sie ebenfalls in der Position des Angreifers sind. Das Mitfühlen, auch das Mitfühlen mit sich selbst, könnte den Hass ausschalten. Aber das Problem besteht darin, dass sie nicht mitfühlen können, und dass das Ressentiment so sehr im Zentrum des Lebens steht, dass sie keine neuen, guten Erfahrungen machen können. Das Ressentiment hält einen in der Verletzung, bewirkt, dass man sich nicht aus der Opferposition herausbewegen kann, und deshalb kann man auch nicht verzeihen oder sich versöhnen. Menschen versuchen natürlich, auch solche unbefriedigenden persönlichen Situationen zu kompensieren, sie erträglicher zu machen. Ihnen erscheint das konstruktiv, auch wenn diese Strategien von außen nicht als konstruktiv wahrgenommen werden. Leben Menschen in einer unbefriedigenden persönlichen oder sozialen Situation, haben sie ein Ressentiment, sind aber auch Demütigungen ausgesetzt und fühlen sie sich dadurch ohnmächtig. Diese Ohnmacht kann dann dadurch kompensiert werden, dass das Einzelschicksal mythisch überhöht wird: Es geht dann plötzlich um alle, die zu kurz gekommen sind, und um die Identifikation mit Führerpersönlichkeiten, die sich für diese zu kurz Gekommenen eingesetzt haben und einsetzen. Der Drache bedroht alle, der Drachentöter rettet alle. Diese Identifikation mit dem Retter kann auch in der Identifikation mit einem Führer erfolgen, der zu wissen vorgibt, wie diese Situation verändert werden kann. Der Hass wird dann mit anderen geteilt, ist eine Gruppenbefindlichkeit und wirkt sehr zerstörerisch. Da der Schatten abgespalten und auf »die anderen« projiziert ist, muss er mit Gewalt bekämpft werden. Ob dabei, etwa im Falle des Terroristen, das eigene Leben geopfert werden muss, ist nicht wichtig, denn es ist ein Opfer im Dienste »der guten Sache«. Man ist ein »heiliger Krieger«, also besonders, und das gibt einem solchen Leben sogar Sinn und Bedeutung.

Sind diese Menschen, die so sehr hassen müssen, Opfer von Terror und politischer Verfolgung, dann sieht man nur die Seite des Opfers – und übersieht gern oder meint, es sei nicht angemessen, auch die Täterseite zu sehen. Sie fällt einem auf, wenn die berechtigten Klagen über das Vorgefallene mit einem solchen Hass verbunden sind auf alle anderen Menschen, dass man den Eindruck hat, der Hass und die Zerstörungswut gehe immer weiter. Sie fällt einem auch dann auf, wenn diese Menschen selber in einer großen Destruktivität etwa mit ihren Familienangehörigen umgehen können.

Wenn es diesen Menschen während einer Psychotherapie gelingt, sich sowohl in den Pol des Opfers der Komplexepisode als auch in den Pol des Angreifers einzufühlen und dann auch konkret sieht, dass er oder sie als Opfer reagiert, aber auch als Angreifer oder Angreiferin, dann verlieren diese Komplexepisoden ihre Dominanz. Das Ressentiment schwächt sich ab, neue Erfahrungen, neue Gefühle, auch Gefühle der Liebe, können gemacht werden.[69] Der Hass dominiert dann nicht mehr das ganze Gefühlsleben.

Symbole der Versöhnung

Umarmung – Brücke – Regenbogen

Die Versöhnung repariert die beschädigte Beziehung. Es ist selten so, dass die Verzeihung einseitig wäre: Meistens hat sie wechselseitig zu sein. Es ist selten so, dass einer einen Fehler begeht, eine Gemeinheit, und der andere ist vollkommen schuldlos. Es ist die Beziehung, die beschädigt worden ist, das was zwischen den beiden ist. Trauert man über die beschädigte Beziehung, so trauert man über die Bindung, die in Gefahr geraten ist, man trauert aus einem Wir heraus. Entschuldigen wir uns, dann entschuldigen wir uns dafür, dass wir dem anderen Menschen etwas zugefügt haben, was wir nicht akzeptieren können, aber wir entschuldigen uns auch dafür, dass wir an unserm »Wir« schuldig geworden sind, egal, wer begonnen hat, wer mehr dazu beigetragen hat.

Zur Versöhnung braucht es deshalb eine doppelte Verzeihung – jedes verzeiht dem anderen und erst dann kann man sich versöhnen, und wenn wir uns versöhnen, dann ist das »Wir« wiederhergestellt. Vielleicht sogar auf eine nachhaltigere Weise als zuvor, weil man durch eine Entzweiung hindurchgegangen ist, weil man eine Gefährdung der Beziehung erlebt hat und sich entschlossen hat, diese Gefährdung in die Verantwortung zu nehmen. Dass wir uns verletzen konnten, zeigt nur, wie sehr wir einander ausgeliefert sind als Menschen, die miteinander in einer Beziehung stehen, und zwar so, dass wir das nicht vorhersehen können. Aber wir wissen, dass es sich jederzeit wieder ereignen kann.

Deshalb sind die Symbole der Versöhnung auch Symbole, bei der beide einen Schritt aufeinander zu machen können. Das bekannteste Symbol der Versöhnung ist die Umarmung. Wir bedauern, betrauern – und verbinden uns neu, zumindest von gleich zu gleich, vielleicht in Freundschaft. Ein »Wir« ist wiederum möglich. Man kann die Versöhnung feiern und sie damit als etwas Besonderes markieren, etwas, das sich aus dem Alltag heraushebt. Man freut sich, dass man wieder miteinander ist, dass der Zwist aus der Welt geschafft worden ist, dass man sich mit diesem Menschen wieder sicher fühlen kann.

Auch die Brücke kann ein Symbol für Versöhnung sein. Eine Brücke verbindet zwei einander entgegenstehende Seiten. An einer Brücke baut man längere Zeit und auch wenn die Verbindung entstanden ist, wenn man eine Brücke geschlagen hat zwischen den Kontrahenten, so ist noch nicht gesagt, dass die Brücke auch benutzt wird.

Der Regenbogen ist ein archetypisches Symbol für Hoffnung, anstelle von Schwere und Depression. Alle Farben strahlen wieder, anstelle des Graus des Regens. Versöhnung verspricht, gespiegelt in diesem Symbol, Leben in der ganzen Farbigkeit der Emotionen. Der ganze Reichtum der Emotionen ist wieder zugänglich, das Leben kann – in viele verschiedene Farben getaucht – wieder erlebt werden. Der Regenbogen verbindet und versöhnt Himmel und Erde miteinander. Es geht die Sage, man könne einen Schatz an dem Ort finden, wo der Regenbogen auf die Erde auftrifft: Die Versöhnung weist auf Glück und Reichtum hin, vorausgesetzt man findet je diesen Ort, wo der Regenbogen auf den Boden trifft. Da hilft die Hoffnung – und ohne Hoffnung auf das Bessere, die uns Menschen auch noch in ziemlich hoffnungslosen Situationen auszeichnet, würden wir uns Versöhnung nicht vorstellen können.

Der Zorn des Achill und die Versöhnung

Eine Geschichte der Versöhnung – als ein symbolischer Prozess verstanden – zeigt noch einmal auf, was für eine Versöhnung wichtig ist.

In der Ilias schreibt Homer über Krieg, Streit und über Versöhnung:[70] Es geht um den Trojanischen Krieg. Achill grollt. Er nimmt am Kampf nicht mehr teil. Dadurch erleiden die

Griechen eine schwere Niederlage. Achill grollt, weil Agamemnon, der Oberbefehlshaber der Griechen, ihm seine Lieblingssklavin Briseis weggenommen hat. An sich darf das der Oberbefehlshaber. Aber Achill akzeptiert das nicht und zieht sich grollend vom Kampf zurück. Als die Griechen in Bedrängnis geraten, schickt Agamemnon Unterhändler und verspricht, Briseis zurückzugeben und reiche Geschenke mitzugeben – Achill lässt sich nicht umstimmen. Der Krieg gegen die Troer kann aber nur gewonnen werden, wenn Achill daran teilnimmt. So ist es vorausgesagt. Als die Troer bis zu den Schiffen der Griechen vordringen und Hektor, ältester Sohn von Priamos und Hekabe, der Schirmherr der Stadt Troja, der an der Spitze der Troer kämpft, bereits Feuer in die Schiffe wirft, gibt Achill seinem Freund Patroklos seine Rüstung und dieser stürzt sich in den Kampf. Die Troer verwechseln ihn mit Achill.

Der Zorn des Achill führt dazu, dass Patroklos in den Kampf zieht; er ist erfolgreich und hätte beinahe Troja eingenommen, hätte nicht der Gott Apollo eingegriffen. Hektor tötete den schon schwer angeschlagenen Patroklos. Jetzt ist Achill voll Kummer: Er weint, klagt, isst nicht, schläft nicht, weint, sehnt sich nach dem Freund, erinnert sich daran, wie viel er mit ihm erreicht und durchgestanden hat. Der Freund ist durch seine Schuld ums Leben gekommen. Er will ihn rächen, er will die Rache. Wenn er sich aber an Hektor rächt, so die Voraussage, wird er sterben. Seine Mutter Thetis bringt ihm eine neue Rüstung. Mit Agamemnon versöhnt er sich und ungeachtet aller Folgen will er den Tod von Patroklos rächen. Achill tötet Hektor – und er will auch seinen Leichnam nicht zum Begräbnis freigeben. Im Gegenteil, noch im Tod schändet er Hektor: Er schleift ihn nachts um das Grab des Patroklos und verkündet, er wolle den Leichnam den Hunden zum Fraß vorwerfen.

Die Götter können das alles nicht mit ansehen und Hermes bringt Priamos, den alten Vater von Hektor, ins Zelt des Achill, ungeachtet aller Wachen. Er soll, so Hermes, ihm beim Andenken an seinen alten Vater und an seine Mutter, das

»Herz erregen«(465). Alle sind erstaunt. Priamus umschlingt die Knie des Achill und küsst ihm die Hände. Priamus erinnert ihn an seinen Vater, indem er sich als bejahrt wie der Vater des Achill vorstellt, der sich jeden Tag darauf freut, dass seine Söhne von Troja nach Hause kommen, um die Schirmherrschaft zu übernehmen. Und er klagt, dass er alle seine Söhne verloren hat und dass der Älteste, Hektor, von Achill getötet wurde. Priamos ist gekommen, um den Leichnam von ihm freizukaufen.

> »Sprachs und weckte in ihm der Sehnsucht Leid um den Vater. Sacht ergriff er den Greis bei der Hand und schob ihn beiseite.
> Beide voll schwerer Gedanken: um Hektor, den mordenden, weinte kläglich der eine, der Greis, vor den Füßen gekrümmt des Achilleus; aber Achilleus beweinte den eigenen Vater, beweinte Patroklos wieder; das Haus erscholl vom Stöhnen der Männer. Als aber endlich sein Klagen gestillt der edle Achilleus, und geschwunden ihm war aus Brust und Gliedern die Sehnsucht, Sprang er vom Sessel empor und zog den Greis in die Höhe. Tief sich erbarmend des weißen Haupts und des weißen Kinnes. Sprach ihn an und redete gleich die geflügelten Worte: ›Ärmster, was hast du doch alles erdulden schon müssen im Herzen!‹
> Welch ein Wagnis, allein zu der Danaerschiffen zu gehen, hier vor die Augen des Manns, der dir so wackere viele Söhne gemordet schon hat…«[71]

Achill schlägt vor, den Kummer in der Seele etwas beruhigen zu lassen. Er erinnert Priamos daran, dass er ein reiches Leben gehabt hat, würdigt dieses Leben und ermahnt ihn, jetzt aber aufzuhören mit dem »ewigen Jammer«, mit seiner Betrübnis erreiche er nichts. Priamos bittet ihn, ihn zu seinem Sohn zu führen und bietet ihm die Wertgegenstände dafür an. Achill reagiert gereizt, er selber hatte schon daran gedacht, Hektor seinem Vater zu geben.

Sie speisen miteinander, und Priamos sieht, wie groß und

schön Achill ist, den Göttern gleich, und Achill sieht mit Erstaunen, wie gütig das Antlitz von Priamos ist und wie gütig er redet. »Als sich nun jeder von Herzen gelabt an des anderen Anblick« (633) bittet Priamos um ein Bett, damit er endlich wieder einmal schlafen könne, nachdem er jetzt auch endlich wieder einmal gegessen habe. Achill fragt, wie viele Tage er brauche, um seinen Sohn zu beerdigen, denn so lange wolle er die Griechen dazu bringen, stillzuhalten. Achill »fasste den Greis bei der rechten Hand am Gelenk, auf dass er die Angst ihm nähme vom Herzen.« (672)

Sie schlafen. Hermes taucht in der Nacht auf und gibt Priamos zu bedenken, dass er offenbar nichts Böses fürchte, nachdem Achill ihn verschont habe, dass aber seine Familie, sollte Agamemnon ins Lager komme, ein weit aus größeres Lösegeld bezahlen müsste für ihn als für Hektor. Sie verlassen das Lager in der Nacht mit dem toten Hektor, der dann auch würdig bestattet wird. Achill hält sich an das Versprechen, den Kampf ruhen zu lassen, bis Hektor beerdigt worden ist.

Die Geschichte zwischen Priamos und Achill ist eine Geschichte der Versöhnung. Der grollende Achill, der von Rachegedanken sogar dem toten Hektor gegenüber erfasst ist, wird durch den alten Priamos an seinen eigenen Vater erinnert. Priamos kommt zum Mörder vieler seiner Söhne. Leicht könnte er von Achill getötet werden. Aber durch die Trauer des Priamos findet Achill zu seiner eigenen Trauer: Und beide weinen und klagen miteinander. Sie sind beide zum Gefühl der Trauer durchgedrungen und in der miteinander geteilten Trauer, die das Haus mit Stöhnen erfüllt, kommen sie sich auch nah.

Den alten Priamos hochzuziehen, ihn wohl an den Schultern hochzuheben, einer Art der Umarmung, ihm die Furcht aus dem Herzen zu nehmen – das sind Gesten der Verbundenheit. Dennoch bleibt die Situation angespannt: Achill warnt, Priamos solle ihn nicht reizen.

Dem Versöhnungsmahl folgt die Situation, in der beide den anderen bewundern und anerkennen: Priamos den starken, jungen Mann, Achill den gütigen Vater. Sie anerkennen einander als Menschen. Sie freuen sich aneinander, sie »laben« sich aneinander. Jetzt kann Achill Priamos fragen, wie lange er gedenkt, die Begräbnisfeierlichkeiten zu halten, und er bietet ihm an, für diese Zeit die Auseinandersetzungen anzuhalten.

Achill ist der Aktive, Priamos der Bittsteller. Aber als Bittsteller bringt er Achill in Kontakt mit seinen Gefühlen: Er ist nicht mehr das Scheusal, Menschen und Göttern gleich zuwider, das durch den Groll verhärtet unmenschlich den Gegner noch im Tode schänden muss. Priamus hat so auf Achill eingewirkt, dass die Verhärtung durch Groll und Schuldgefühle aufgehoben wurde.

Am wichtigsten dabei scheint mir, dass die Untaten benannt wurden, dass beide sich zeigen konnten in ihrem großen Schmerz. Achill respektiert den Schmerz des Priamos, »was hast du gelitten«, er erinnert ihn aber auch daran, dass er ein sehr gutes Leben gehabt hat. Auch das soll Priamos nicht vergessen. Sie sind beeindruckt voneinander, freuen sich aneinander. Sie sind nicht mehr Feinde, sie sind Menschen, die auch wieder gegeneinander kämpfen werden.

Die mit Priamos geteilte Trauer löst in Achill den ihn verhärtenden Zorn und Groll. Die Ilias endet nicht mit dem Tod von Achill, sondern mit der Begegnung und mit der Versöhnung von Priamos und Achill. Rasche sagt dazu: »Ich glaube übrigens, dass darin auch die eigentliche Kulturleistung der Griechen liegt, Wege gefunden zu haben, nach solchen Katastrophen wie dem Krieg um Troja zur Kultur zurückzufinden.«[72]

Wesentlich dabei ist, dass Menschen, aber wohl auch Kulturen, durch das Sich-Versöhnen, wieder zu einem umfassenden Menschsein zurückfinden. Groll, Rache lässt den Menschen fragmentiert sein, führt zur Destruktivität und nicht zu neuer Kreativität.

Versöhnlichkeit als Persönlichkeitszug

Es gibt versöhnlichere und weniger versöhnliche Menschen. Wer mehr mit freudigen, interessierten Augen angeblickt worden ist, wird es leichter haben versöhnlich zu sein, – mit sich, mit anderen, mit dem Leben –, als wer oft mit bösen, hasserfüllten Augen angestarrt worden ist und sich insgeheim selbst immer wieder auch so böse anstarrt. Eine versöhnliche, liebevolle Haltung der Eltern wird auch Muster für versöhnliches Verhalten im Kind aktivieren: Versöhnliches Verhalten ist dann zumindest vorstellbar, sich selber gegenüber, aber auch anderen gegenüber.

Während Kinder heranwachsen gibt es viele Situationen, die Ärger auslösen – auf der Seite der Eltern, aber auch auf der Seite des Kindes. Trotz allem Ärger: In der Regel dominiert die Liebe über den Ärger. Das Kind, das die Eltern geärgert hat, spürt den Ärger, spürt die Konsequenzen, kann aber immer auch wieder erleben, dass es nicht nur die Enttäuschung und die Wut gibt. Sondern es erlebt auch den Versuch des Verstehens, zunächst auf der Seite der Eltern, sieht dass es auch wieder »gut« wird, dass einem verziehen wird, dass man sich auch immer wieder versöhnen kann. Diese Erfahrungen können dann gemacht werden, wenn die Eltern ihren Ärger zeigen, sich aber auch feinfühlig und wohlwollend in das Kind einfühlen können. Das Kind muss erfahren, dass etwas durch sein Verhalten nicht in Ordnung ist, dass es aber wieder in Ordnung gebracht werden kann, dass etwas wieder gutgemacht werden kann und dass man sich auch wieder findet. Dieser ganze Prozess des Ärgers, der Trennung, des Schuldgefühls, der Auseinandersetzung und der Möglichkeit, etwas wieder gutzumachen und sich dann zu versöhnen, kann verinnerlicht werden. Das Kind nimmt dann an und rechnet damit, dass Konflikte in der ihm bekannten Weise gelöst werden können. Die Wiedergutmachung ist dabei sehr wichtig. Das Kind erlebt, dass es zwar destruktive Impulse hat, dass diese aber nicht alles zerstören können, sondern dass man es wieder gutmachen kann.

Dabei ist es wichtig, dass auch das Kind wütend sein darf. Eltern ärgern ja auch die Kinder. Wenn Eltern diese Wutausbrüche überleben – und das meint, dass sie nicht in die Situation kommen, dem Kind die positiven Gefühle entziehen zu müssen –, dann versteht das Kind, dass Liebe und Hass in einer menschlichen Beziehung möglich sind und dass der Hass nicht stärker ist als die Liebe.[73] Hat man so gelernt, dass es zwar immer wieder Ärger gibt, dass man sich aber auch versöhnen kann, wird man sich in Konflikten eher so verhalten, wie man es als Kind gelernt hat – auf eine Versöhnung hin. Auch das kann schief gehen: Nicht alle Menschen, mit denen wir Konflikte haben, sind freundlich und ebenso auf Versöhnung aus. Sie wollen möglicherweise nur gewinnen, einen dominieren, einen zur Unterwerfung zwingen. Mit diesen Menschen kann man sich nicht versöhnen. Dann bleibt aber immer noch das innerliche Sich-Aussöhnen mit der Situation: Wir akzeptieren, dass wir uns nicht versöhnen können, wir lassen aber unseren Groll los und versöhnen uns mit uns selbst in dieser Situation. »Besser geht es einfach nicht!« – auch wenn wir es lieber anders gehabt hätten. Auch dann sind wir frei, uns wieder auf neue Erfahrungen einzulassen.

Um versöhnlich sein zu können, wäre es sinnvoll, immer neu zu lernen, wie man konstruktiv mit Ärger umgehen kann, so dass er sich nicht so sehr in das eigene Leben einfrisst. Das ist wohl eine lebenslange Aufgabe. Dabei ist der Humor eine ganz große Hilfe. Wie ernst nehmen wir uns doch gelegentlich in einer Situation, die uns sehr ärgert und uns innerlich sehr beschäftigt. Wir benehmen uns, als ob das ganze Leben davon abhinge. Etwas Distanz, Gelassenheit, ein herzhaftes Lachen mag die angemessenen Verhältnisse wiederherstellen. Nur: Wenn wir uns ärgern, sind wir meistens etwas humorlos. Mit Ärger und mit schattenhaftem Verhalten umgehen zu lernen, hilft uns auch, den Humor wiederzufinden.

Lansky[74] vertritt die Idee, dass es beim Verzeihen letztlich um einen Kampf zwischen Eros gegen Thanatos geht, einem Kampf zwischen dem Drang zu lieben und dem Drang nach Vernichtung. Solange man verzeihen kann, hat die Liebe gesiegt über das Bedürfnis zu zerstören. Dafür spricht, dass in Liebesbeziehungen, solange man sich wirklich noch liebt oder gar verliebt ist, das Verzeihen keine große Rolle spielt. Man versöhnt sich sehr rasch – auch aus Vergnügen am Sich-Versöhnen. Ist aber die Liebe etwas erkaltet oder die Beziehung gar zu einer eher geschäftsmäßigen Verbindung geworden, dann wird gerechnet, aufgerechnet und gefordert.[75] Das könnte auch darauf hinweisen, dass man sich in der Liebesbeziehung zu lange nicht wirklich um Ärger, Verletzungen, Ungerechtigkeiten gekümmert hat und plötzlich Ressentiments entstanden sind. Oder dass man sich voreilig versöhnt hat, und die Konflikte, die ja auch in einer Liebesbeziehung entstehen, nicht wirklich ausgetragen worden sind. Dadurch konnten die Probleme nicht in die Verantwortung genommen werden und deshalb kann auch die Wiedergutmachung nicht stattfinden. So bleibt eine nicht benannte Enttäuschung, ein Gefühl, dass etwas doch nicht wirklich gerecht ist, dass etwas nicht stimmt. Und diese Gefühle legen einen Schleier über die Liebe, lässt sie kühler werden.

Dominieren die liebevollen Erfahrungen in einem Leben, ist es einfacher, versöhnlich zu sein. Man betrachtet nicht nur sich selber mit liebevolleren Augen, gerade auch dann, wenn man nicht wirklich einverstanden ist mit sich selbst, sondern auch die anderen Menschen. Gerade in Situationen, in denen wir anderen schaden wollen, kann man mit einem normalerweise liebevollen Blick auch wahrnehmen, wie verletzbar der andere Mensch ist, wie sehr uns auch ausgeliefert. Sehen wir diese Verletzbarkeit nicht mehr, etwa, weil sich ein Mensch verhärtet, werden wir auch härter, das mitmenschliche Mitgefühl schwindet dann. Das ändert aber nichts daran: Wir Menschen sind einander im hohen Maße ausgeliefert und deshalb ist es auch sinnvoll, sorgsam miteinander umzugehen.

Auch als ein eher versöhnlicher Mensch wird man sich

auch unversöhnlich verhalten können, wenn es einem richtig erscheint. Auch ein versöhnlicher Mensch muss sich zur Versöhnung entschließen. Es wird ihm aber leichter fallen, weil er weiß, dass durch die Versöhnung wieder Freude aufkommen kann.

Trauer und Dankbarkeit

Jemanden hassen heißt, jemanden als Ursache der eigenen Trauer sich vorzustellen, schrieb Spinoza[76] etwa um 1660, und deshalb will man den gehassten Menschen oder das, was man hasst, entfernen oder zerstören. Spinoza meinte dazu, Hass könne niemals gut sein, er müsste durch die Liebe überwunden werden. »Hass, der durch Liebe besiegt wird, geht in Liebe über und die Liebe ist dann größer, als wenn kein Hass vorangegangen wäre.«[77] Liebe kann über den Hass dominieren und Hass, der verwandelt worden ist durch die Liebe intensiviert die Liebe dadurch, dass man weiß, dass man nicht mehr hassen muss, sondern sich versöhnen darf, wieder lieben darf: Es ist Liebe über einen großen Abgrund hinweg, die sich wieder ereignet hat – gegen alle Erwartung. Aber wenn das Gefühl der Liebe nicht zugänglich ist? Wenn man sie, gerade weil man hasst, sich nicht wieder in Erinnerung rufen kann? Weil man sich, zumindest vorübergehend nicht mehr als ein liebender Mensch verstehen kann, sondern als ein hassender? Oder weil man zwar intellektuell noch weiß, dass der Mensch, den man jetzt abgrundtief hasst derselbe ist, den man gelegentlich auch liebt – aber gerade jetzt eben nicht. Gerade jetzt, wo das so wichtig wäre? Hass ist in der Regel zäher als die Liebe.

Der Weg vom Hass zur Liebe könnte, so regt die Idee von Spinoza an, über die Trauer führen. Trauer darüber, dass man hassen muss, Trauer darüber, dass jemand Trauer in unser Leben bringen kann. Trauer darüber, dass die anderen Menschen nicht so sind, wie wir sie uns vorstellen und wie wir sie gerne hätten, Trauer aber auch darüber, dass auch wir nicht immer so sind, wie wir es von uns erwarten. In der Trauer, wenn sie denn möglich ist – und das ist sie wohl erst, wenn auch einige gute Erfahrungen bewusst erlebt werden konnten –, steht der Hass und der Neid neben der Dankbarkeit, der Zufriedenheit, der Liebe vielleicht. Das eine ist nicht bedeutsamer als das andere, der Hass kann nicht mehr alle anderen Gefühle dominieren. Die Trauer über den Hass könnte auch zu Dankbarkeit führen.

Trauer ist Erinnerung an das Verlorene. Und diese Erinnerung an das Verlorene wird in immer neuer Weise wieder belebt und bringt verschiedene Aspekte unserer Beziehung mit dem Verlorenen ins Bewusstsein zurück. Am Beginn der Trauer steht die emotionale Erfahrung des Verlusts: Ich habe etwas verloren, bin allein, fühle mich schlecht, fühle Gram, Wut, Schuld, Scham, Freude, Hass, Liebe. Von dieser Selbstbezogenheit, die notwendig ist, um in Kontakt mit sich und den eigenen Gefühlen zu kommen, wendet sich der Blick zu dem, was wir verloren haben. Wen haben wir verloren? Was haben wir verloren? Die Aufmerksamkeit ist beim anderen. Wir werden es nie mehr zurückbekommen. Vielleicht hasst man den anderen dafür. Oder das Schicksal. So ganz genau wissen wir nicht, was wir wirklich verloren haben, geht es um einen Menschen, der gestorben ist oder um einen Menschen, den wir durch einen schwer wiegenden Konflikt verloren haben, oder um den Verlust des Vertrauens ins Leben? Gerade dieses Nichtwissen lässt den Blick rückwärts zur gemeinsamen Geschichte wenden: Was hat man miteinander erlebt, wie ist man geworden miteinander? Wissen, dass es war, und wissen, dass das Geschehene nicht ungeschehen zu machen ist, lässt Dankbarkeit aufblitzen und dann auch Dankbarkeit erleben. Es gibt auch die freudige, dankbare Erinnerung an das Verlorene. Im Grunde genommen betrauert man die Bindung, die jetzt nicht mehr ist, und man ist dankbar für die Bindung, die war. Viele gute Erfahrungen, reiche Erfahrungen tauchen aus der Erinnerung auf und können nachgefühlt werden. Dafür sind wir dankbar. Aber auch für die Situationen, in denen uns verziehen wurde, in denen wir verzeihen konnten, in denen wir uns versöhnen durften, sind wir dankbar. Die Dankbarkeit hebt die Trauer nicht auf, aber sie hebt sie aus der Verzweiflung heraus, Dankbarkeit macht aus der Trauer die Wehmut. Und aus der Dankbarkeit wird auch Freude. Und die wiederum bewirkt, dass wir uns und die anderen mit freudigeren Augen ansehen.

Es geht nicht nur darum, ob wir mit freudigen oder mit bösen Augen angesehen worden sind – und ja immer wieder auch angesehen werden. Es geht auch darum, wie wir die Mitmenschen, wie wir das Leben als Ganzes ansehen. Gelingt es uns, immer wieder auch das zu sehen und zu erleben, was uns freut, was uns beschwingt – oder sehen und erfahren wir nur das, was uns mindert? Es gibt auch eine Dankbarkeit im Leben, die sich nicht an eine bestimmte Erfahrung bindet: Man ist dann einfach froh darüber, dass es so vieles gibt, wo sich unsere Erfahrung mit unseren Hoffnungen getroffen hat.

Auch dazu kann man sich entschließen: Anzuerkennen was uns freut, was in uns Gefühle der Dankbarkeit auslöst. Es wird nicht immer gelingen, aber man kann zumindest versuchen, neben dem Hässlichen das Schöne zu sehen, neben dem Streit die Versöhnung. Streit und Versöhnung sind notwendig, wenn wir Individuen sind, die zueinander in Beziehung stehen, aufeinander angewiesen sind und miteinander das Leben doch wesentlich besser bewältigen könnten als gegeneinander.

Dank

Ich bedanke mich bei all den Kolleginnen und Kollegen, die mir, in welcher Weise auch immer, Anregungen zu diesem Buch gegeben haben. Ich hoffe sehr, dass ich einige neue Anregungen auch zurückgeben kann.

Ganz besonders bedanken möchte ich bei jenen, die mir erlaubt haben, etwas aus ihrer Geschichte in diesem Buch als Beispiel darzustellen.

Herzlich bedanken möchte ich mich bei Heike Neumann für die gute Zusammenarbeit.

Verena Kast

Literatur

Aristoteles: Nikomachische Ethik, 36, 7b

Bauer, Joachim (2005): Warum ich fühle, was du fühlst.Intuitive Kommu-nikation und das Geheimnis der Spiegelneuronen. Hamburg

Bischof-Köhler, Doris (2001): Zusammenhang von Empathie und Selbst-erkennen bei Kleinkindern. In: Buchheim, Peter, Cierpka, Manfred (Hrsg.): Psychodynamische Konzepte. Berlin, Heidelberg, New York, S. 321–328

Bowlby, John (1960): Grief and mourning in infancy. The Psychoanalytic Study of the Child, 15. 3–39

Cioran, Emile L. (2002): Lehre vom Zerfall

Dornes, Martin (1998): Bindungstheorie und Psychoanalyse. Konvergen-zen und Divergenzen. In:Psyche 52/4, S. 299–348

Erikson, Erik H. (1971): Identität und Lebenszyklus. Frankfurt/Main

Fonagy, Peter (1998): Die Bedeutung der Entwicklung metakognitiver Kontrolle der mentalen Repräsentanzen für die Betreuung und das Wachstum des Kindes. In: Psyche 52/4, S. 349–368

Grossmann, Klaus und Grossmann, Karin (1995): Frühkindliche Bin-dung und Entwicklung individueller Psychodynamik über den Lebens-lauf. In Familiendynamik 20, S. 171–192

Habermas, Jürgen (1990): Vergangenheit als Zukunft. Zürich

Handke, Peter (2004): Untertagblues. Programmheft des Burgtheaters. Wien

Homer: Ilias (1968) Übertragen von H. Rupe. Vierundzwanzigster Gesang

Jung, Carl Gustav in Aniela Jaffé (Hrsg.) (1962): Erinnerungen, Gedan-ken, Träume. Zürich

Jung, Carl Gustav: Gesammelte Werke. Düsseldorf 1995

Jung, Carl Gustav: Allgemeines zur Komplextheorie. In: GW 8, § 194–219, 1995

Jung, Carl Gusta: Psychologische Typen. In GW 6, 1995

Jung, Mathias (2000): Versöhnung. Töchter – Söhne – Eltern. Lahnstein

Kant, Immanuel: Rechtslehre II,1

Kast, Verena (1982): Trauern. Phasen und Chancen des psychischen Pro-zesses. Stuttgart

Kast, Verena (1990): Die Dynamik der Symbole. Olten

Kast, Verena (1991): Freude, Inspiration, Hoffnung. Olten

Kast, Verena (1994): Sich einlassen und loslassen. Neue Lebensmöglich-keiten bei Trauer und Trennung. Freiburg

Kast, Verena (1994): Vater – Töchter, Mutter – Söhne. Wege zur eigenen Identität aus Vater- und Mutterkomplexen. Stuttgart

Kast, Verena (1996): Neid und Eifersucht. Die Herausforderung durch unangenehme Gefühle. Zürich und Düsseldorf

Kast, Verena (1996): Vom Sinn der Angst. Freiburg

Kast, Verena (1998): Abschied von der Opferrolle. Das eigene Leben leben. Freiburg

Kast, Verena (1998): Vom Sinn des Ärgers. Anreiz zu Selbstbehauptung und Selbstentfaltung. Stuttgart

Kast, Verena (2001): Aufbrechen und Vertrauen finden. Die kreative Kraft der Hoffnung. Freiburg

Kast, Verena (2001): Vom Interesse und dem Sinn der Langeweile. Düsseldorf

Kast, Verena (2002): Der Schatten in uns. Die subversive Lebenskraft. München

Kast, Verena (2003): Trotz allem Ich. Gefühle des Selbstwerts und Erfahrungen von Identität. Freiburg

Kast, Verena (2004): Schlüssel zu den Lebensthemen. Konflikte anders sehen. Freiburg

Kernberg, Otto (1999): Persönlichkeitsentwicklung und Trauma. In: Persönlichkeitsstörungen. Theorie und Therapie 1999, 3: 5–15

Kleiter, Ekkehard F. (2003): Konflikt und Versöhnung. Über den empirischen Zusammenhang von Konflikt und Versöhnungsbereitschaft bei Kindern, Jugendlichen und Erwachsenen. Berlin, Wien, Miami

Kohut, Heinz (1981, 1984): On empathy. In: Ornstein, P. (Eds): The search for the self, vol. 4, Mdison CT, International University Press, 525–535

Lansky, Melvin R. (2001): Hidden Shame, Working Through, and the Problem of Forgiveness in The Tempest. In: JAPA 2001, 49: 1005– 1033

Luborsky, L. et al. (1988): Who will benefit from psychotherapy. New York

Mc Cullough, Michael E. et al.: Interpersonal forgiving in close relationships. Journal of Personality and Social Psychology 1997; 73: 321–336

Mc Cullough, Michael E. et al. (1998): Interpersonal Forgiving in Close Relationship: II. Theoretical Elaboration and Measurement. In: Journal of Personality and Social Psychology. 1998; 75:1586–1603

Plato, zitiert nach Comte-Sponville, Andre (1996): Ermutigung zum unzeitgemäßen Leben. Ein kleines Brevier der Tugenden und Werte. Reinbek

Riehl-Emde, Astrid (2003): Liebe im Fokus der Paartherapie. Stuttgart

Rogers, Carl R. (1975, 1980): Empathie – eine unterschätzte Seinsweise. In: Rogers, Carl R. Rosenberg, R.L. (1980): Die Person als Mittelpunkt der Wirklichkeit. Stuttgart, S. 75 –93

Scheler, Max (1915, 1972): Vom Umsturz der Werte. Bern

Scheler, Max (1922, 1973): Wesen und Formen der Sympathie. Bern

Schütz, Astrid (2000): Psychologie des Selbstwertgefühls. Von Selbstakzeptanz bis Arroganz. Stuttgart, Berlin, Köln

Spinoza, Benedict de (1963): Die Ethik. Hamburg

Taylor, Shelley E. (1993): Positive Illusionen. Produktive Selbsttäuschung und seelische Gesundheit. Reinbek

Winnicott, Donald W. (1979): Vom Spiel zur Kreativität. Stuttgart

Wurmser, Léon (1988): Gedanken zur Psychopathologie von Scham und Ressentiment. In: Anal Psychol 1988; 283–306

Anmerkungen

1 Eine ausführliche Auseinandersetzung mit der Emotion des Ärgers findet sich bei Kast, Verena (1998): Vom Sinn des Ärgers. Anreiz zu Selbstbehauptung und Selbstentfaltung. Stuttgart
2 Es gibt auch andere Formen von Aggression, etwa territoriale Aggression, die nicht primär aus Ärger erwächst, die aber nicht Gegenstand meiner Untersuchung ist. Unter Aggression verstehe ich nicht Destruktion, sondern ein zielgerichtetes Zugehen auf etwas mit der Absicht, etwas zu verändern; das kann konstruktiv oder destruktiv sein. Die Absicht ist aber nicht zu zerstören, sondern zu verändern.
3 Kast, Verena (2004): Schlüssel zu den Lebensthemen. Konflikte anders sehen. Freiburg
4 Dieses Thema ist ausführlich behandelt in: Kast, Verena (1998): Vom Sinn des Ärgers.
5 Kast, Verena (1998): Abschied von der Opferrolle. Das eigene Leben leben. Freiburg
6 Kast, Verena: Vom Sinn des Ärgers, 89ff. Abschied von der Opferrolle 57ff.
7 Kast, Verena (2002): Der Schatten in uns. Die subversive Lebenskraft. München, S.148 ff.
8 Kast, Verena (2002) Der Schatten in uns
9 Jung, Carl Gustav: Gesammelte Werke. Düsseldorf, GW 8, S. 409
10 Kant, Immanuel: Rechtslehre II,1
11 Aristoteles: Nikomachische Ethik, 36, 7b
12 Plato, zitiert nach Comte-Sponville, Andre (1996): Ermutigung zum unzeitgemäßen Leben. Ein kleines Brevier der Tugenden und Werte. Reinbek, S. 81
13 Kleiter, Ekkehard F. (2003): Konflikt und Versöhnung. Über den empirischen Zusammenhang von Konflikt und Versöhnungsbereitschaft bei Kindern, Jugendlichen und Erwachsenen. Berlin, Wien, Miami
14 Kast, Verena (1999): Der Schatten in uns. München
15 Kast, Verena (1991): Freude, Inspiration, Hoffnung. München
16 Vgl. Kast, Verena: Schlüssel zu Lebensthemen
17 Habermas, Jürgen (1990): Vergangenheit als Zukunft. Zürich
18 Bowlby, John (1960): Grief and mourning in infancy. The Psychoanalytic Study of the Child, 15. 3–39
19 Die Beschreibung der Testsituation und der Bindungsmuster finden sich z.B. in Dornes, Martin (1998): Bindungstheorie und Psychoanalyse. Konvergenzen und Divergenzen. In:Psyche 52/4, S. 299–348
20 Grossmann Klaus und Grossmann Karin (1995): Frühkindliche Bindung und Entwicklung individueller Psychodynamik über den Lebenslauf. In: Familiendynamik 20, S. 171–192
21 Erikson, Erik H. (1971): Identität und Lebenszyklus. Frankfurt/Main

22 Kast, Verena (1994): Vater – Töchter, Mutter – Söhne. Wege zur eigenen Identität aus Vater- und Mutterkomplexen. Stuttgart, S. 51 ff.

23 Ausführlich zu diesem Thema Dornes: Psyche 52

24 Siehe Dornes: Psyche 52, S. 318

25 Fonagy, Peter: Psyche 52, S. 356 ff., S. 363

26 Kast, Verena (2001): Vom Interesse und dem Sinn der Langeweile.
Düsseldorf

27 Kast, Verena: Trotz allem Ich, S. 183 ff.

28 Kast, Verena: Trotz allem Ich, S. 39 ff.

29 Taylor, Shelley E. (1993): Positive Illusionen. Produktive Selbsttäuschung und seelische Gesundheit. Reinbek

30 Schütz, Astrid (2000): Psychologie des Selbstwertgefühls. Von Selbstakzeptanz bis Arroganz. Stuttgart, Berlin, Köln, S. 69

31 Schütz, Astrid (2000): Psychologie des Selbstwertgefühls. S. 111

32 Jung, Carl Gustav: Aniela Jaffé (Hrsg.) (1962): Erinnerungen, Gedanken, Träume. Zürich, S. 333

33 Ausführliche Darstellungen des Trauerprozesses finden sich in
Kast, Verena (1982): Trauern. Phasen und Chancen des psychischen
Prozesses. Stuttgart
Kast, Verena (1994): Sich einlassen und loslassen. Neue Lebensmög-
lichkeiten bei Trauer und Trennung. Freiburg

34 Kast, Verena (2001): Aufbrechen und Vertrauen finden. Die kreative
Kraft der Hoffnung. Freiburg

35 Mc Cullough, Michael E. et al. (1998): Interpersonal Forgiving in
Close Relationship: II. Theoretical Elaboration and Measurement. In:
Journal of Personality and Social Psychology. 1998; 75:1586–1603

36 Rogers, Carl R. (1975, 1980): Empathie – eine unterschätzte Seinsweise. In: Rogers, Carl R., Rosenberg R.L. (1980): Die Person als Mittelpunkt der Wirklichkeit. Stuttgart, S. 75–93.

37 Kohut, Heinz (1981, 1984): On empathy. In: Ornstein, P. (Eds): The
search for the self, vol. 4, Mdison CT, International University Press,
525–535

38 Luborsky, L. et al. (1988): Who will benefit from psychotherapy. New
York

39 Scheler, Max (1922, 1973): Wesen und Formen der Sympathie. Bern
S. 29 ff.

40 Bischof-Köhler, Doris (2001): Zusammenhang von Empathie und
Selbsterkennen bei Kleinkindern. In: Buchheim, Peter, Cierpka, Man-
fred (Hrsg): Psychodynamische Konzepte. Berlin, Heidelberg, New
York, S. 321–328

41 Bauer, Joachim (2005). Warum ich fühle, was du fühlst. Intuitive
Kommunikation und das Geheimnis der Spiegelneuronen. Hamburg

42 Bauer (2005), S. 47

43 Bauer (2005), S. 70 f.

44 Bauer (2005), S. 166

45 Bauer (2005), S. 16

46 Mc Cullough Michael E. et al.: Interpersonal Forgiving in Close Rela-

tionships. In: Journal of Personality and Social Psychology 1997; 73: 321–336

47 1. Mose, 27
48 1. Mose, 33,4
49 1. Mose, 33,9
50 Scheler, Max (1915, 1972): Vom Umsturz der Werte. Bern, S. 37 ff.
51 Scheler, S. 38
52 Jung, Carl Gustav: Allgemeines zur Komplextheorie, GW 8, § 194–219
53 Jung: GW 8, § 210
54 Jung: GW 8,§. 211
55 Jung: GW 8,§. 210
56 Jung: Psychologische Typen, GW 6, § 991
57 Siehe: Kast, Verena (1994) Vater – Töchter, Mutter – Söhne. Wege zur eigenen Identität aus Vater- und Mutterkomplexen. Stuttgart
58 Kast, Verena (1990): Die Dynamik der Symbole. Olten, S. 196ff.
59 Spinoza (1963): Die Ethik. Hamburg, S.144, Lehrsatz 39
60 Kast, Verena (1996): Neid und Eifersucht. Die Herausforderung durch unangenehme Gefühle. Zürich und Düsseldorf
61 Kast (1996): Neid, S. 39 ff.
62 Kast (1996): Neid, S.49 ff.
63 Kast, Verena (1998): Abschied von der Opferrolle. Das eigene Leben leben. Freiburg
64 Kast, Verena (2004): Schlüssel zu den Lebensthemen. Konflikte anders sehen. Freiburg
65 Kast, Verena: Konflikte als Schlüssel zu den Lebensthemen.
66 Handke, Peter (2004): Untertagblues. Programmheft des Burgtheaters. Wien
67 Cioran, Emile L. (2002): Die Lehre vom Zerfall. Stuttgart
68 Kast, Verena (1996): Vom Sinn der Angst. Freiburg, S. 139ff.
69 Siehe auch Kernberg, Otto (1999): Persönlichkeitsentwicklung und Trauma. In: Persönlichkeitsstörungen. Theorie und Therapie 1999, 3: 5–15
70 Homer: Ilias (1968) Übertragen von H. Rupe. Vierundzwanzigster Gesang. Den Hinweis zu dieser Versöhnungsgeschichte verdanke ich Jörg Rasche.
71 Ilias, 24, 503 ff.
72 Rasche, Jörg, briefliche Mitteilung
73 Winnicott, Donald W. (1979): Vom Spiel zur Kreativität. Stuttgart, S. 105 f.
74 Lansky, Melvin R. (2001): Hidden Shame, Working Through, and the Problem of Forgiveness. In: JAPA 2001, 49: 1005–1033
75 Riehl-Emde, Astrid (2003): Liebe im Fokus der Paartherapie. Stuttgart, S. 200 ff.
76 Spinoza (1963): Die Ethik. Hamburg, S. 144, Lehrsatz 39
77 Spinoza: Ethik, S. 149